# AGILE SALES

# 敏捷销售

## ——重构人与销售的连接

### 田雄军　著

经济管理出版社
ECONOMY & MANAGEMENT PUBLISHING HOUSE

**图书在版编目（CIP）数据**

敏捷销售——重构人与销售的连接/田雄军著 . —北京：经济管理出版社，2016. 9
ISBN 978 - 7 - 5096 - 4549 - 9

Ⅰ. ①敏… Ⅱ. ①田… Ⅲ. ①销售—方法 Ⅳ. ①F713. 3

中国版本图书馆 CIP 数据核字（2016）第 188992 号

组稿编辑：陈 力
责任编辑：陈 力 舒 林
责任印制：黄章平

出版发行：经济管理出版社
　　　　　（北京市海淀区北蜂窝 8 号中雅大厦 A 座 11 层 100038）
网 址：www. E - mp. com. cn
电 话：（010）51915602
印 刷：玉田县昊达印刷有限公司
经 销：新华书店
开 本：710mm×1000mm/16
印 张：14. 75
字 数：160 千字
版 次：2017 年 3 月第 1 版 2017 年 3 月第 1 次印刷
书 号：ISBN 978 - 7 - 5096 - 4549 - 9
定 价：48. 00 元

# 序言（一）

近年来，互联网思维在各行各业轰轰烈烈地颠覆着人们的思维方式，新经济、新规则形态下的创新创业已成为时代潮流，这给怀揣着梦想的人们提供了更广阔的发展空间。"创新没有界限，创业已是潮流，创客无处不在"，社会通过多种方式、多种途径来释放全民创业创新潜能，激发全社会的双创活力，为发展新经济、培育新动力创造了良好条件，因此新生企业脱颖而出。创新赋予了时代的最新特征，创新已分布于各个领域和环节。

创新创业也催生了销售新知识的需求，需要掌握消费心理，快速迭代，快速更新产品、服务。要求销售有驾驭销售全局的能力，在被大量信息包围的环境中，要认识这个世界，才能掌握这个世界，顺应时代的潮流，找到立足之本；要求"快、准、新"，找对的事情，做对的事情，再衔接好下一件事情；要求服务好客户和用户，了解客户、用户的业务知识，做好知识转移，为客户、用户创造价值；要求运用新方法、新思路，做好销售呈现，形成 360 度的全方位管理。

《敏捷销售》一书就是在这样的背景下孕育而出的，它将敏捷工程的价值观、原则导入到销售体系中来，并进行中国本地化、销售化。敏捷工程是相对于瀑布模型的又一软件工程模型，它强调"沟通、简单、反馈、勇气"的价值观。"敏捷"最早是在美国提出的概念，来源于极限编程、Scrum、DSDM、自适应软件开发、水晶系列、特征驱动开发、实效编程；现在洋为中用，

1

能够与中国消费者含蓄、内敛的销售习惯很好地结合，并与销售完全"契合"在一起。可借用和利用最新技术对销售的各流程进行重构。新技术的出现与应用，翻开了新经济新规则的一页，对设计、研发、生产产生了深远的影响，销售也不例外。传统销售的商务拜访、项目成交，客户的需求采购、工程把控，第三方监管等与销售相关的事务活动，由于新技术的出现，得到了全面的升级与重构，如客户形态、商机培育、信任维护、方案评估比较、价值呈现、项目成交等。

传统销售习惯多形成于经验、教训和惯性思维，如"细节决定成败"，虽然对销售有一定的保障作用，但却是建立在教训的基础上，销售人员要被迫适应这种销售意识与习惯。通过敏捷销售中提出的销售模型，如进程迭代线、交付分解线、资源成本线、评估确认线中的相关策略和原理，重新建立销售思维与逻辑，借助流程与量化，使思路清晰，循序渐进，有益于改善不良销售习惯，提高销售人员的销售思维能力、策略管理能力、分析问题与解决问题的能力。

《敏捷销售》为广大读者搭建了一个全新的"技术＋销售"服务平台，看到《敏捷销售》书稿时，我为田雄军感到欣慰。在十年前我们就认识了，在这十年中，他给人的印象就是踏实，使命必达。我相信他对信息化领域的理解，也相信他会在现有的基础上，继续保持勤恳，定会给大家奉献更好的作品。

CNIT 中国信息技术有限公司首席运营官
黄志雄
2016 年 12 月

# 序言（二）

## 一、社会背景

在当前新技术、新业态、新经济形势下，社会经济活动越来越具有渗透性、融合性、发散性等特点，更加突出创新、智慧方面的核心竞争力，不仅对大量的传统产业进行改造升级，还培育出了新兴产业，促使互联网金融、移动互联网、云计算、新能源、移动医疗、3D 打印、机器人等为代表性的产业快速增长。

这些新兴产业的发展，让产品、服务生态链发生很多变化，这种变化也增加了市场不确定性的存在。例如生产厂家不知道顾客的完整需求是什么，哪怕今天有了明确的任务单明天也可能会发生新的变化，不知道市场定位和最终环节，不知道客户的最终位置和可接受的方式，因为无法直接预测客户对产品或者服务的最终认知，不能聚集差异化特征，不能再按客户需求全流程结束后再回去组织设计与生产的方式来组织生产经营活动。

过去传统的生产经营方式，往往采取瀑布式策略，通过严密的可行性分析、市场分析与调研，专业的设计，成套的生产计划、有效的营销战略，将产品和服务推向市场，这种方式不能适应新经济的发展，特别是新兴产业的发展。

## 二、敏捷概念

敏捷概念从提出到现在已经十多年了，敏捷模型最先应用在敏捷软件开发领域，并提出四种核心价值和十二条原则。其相关观点有：个人和互动高于过程和工具，可工作的软件胜过大量的文档，客户合作胜过合同谈判，响应变化胜过遵循计划。应用领域有：极限编程，Scrum，DSDM，自适应软件开发，水晶系列，特征驱动开发，实效编程等。

近几年特别是互联网、物联网、信息化、云计算、线上线下资源的整合，构建新的平台，让敏捷方法论得到最新的继承、发展和应用，并呈现出强劲的发展趋势。敏捷方法论能让人们摆脱过去陈旧观念的束缚，敏捷是迭代策略的具体实践。

结合敏捷核心价值和原则，以不断的迭代方式建立、测试和寻找客户认知的核心价值，从而实现新形势下销售相关对象的突破性创新，从"未知"到"已知"、从"不确定"到"确定"的转变。

## 三、敏捷在销售中的运用与结合

销售策略紧随客户采购流程，服务于采购流程。销售中唯一不变的是变化，由于不确定性的存在，要求对销售过程被切分更多周期和细分的活动结点，每个过程分批评估与迭代分析，降低销售风险，提高销售把控能力，同时对销售方法提出新的要求。

敏捷方法论在销售中的运用与结合，运用快速迭代、循序渐进，降低风险，分解客户需求，找到适合的路径，用尽可能小的资源来实现客户"原子"需求，在后续项目周期中得到持续改善和增强，实现双赢合作。遵循路径策略、分解策略、资源策略、竞争策略，运用评估确认线、进程迭代线、交付分解线、资源成本线、项目规模线的相关属性和原理来规划、执行、分析，提高销售竞争力。

敏捷方法论在销售中的运用与结合，需要特别强调的是敏捷不等于捷径、快捷，销售中没有捷径可走，敏捷销售的捷径就是按相关策略、区域要求，遵循相关的模型、流程、工具的基本规律，一步一个脚印，找到最安全、最可行的方法与路径去执行、累积与沉淀，贯穿整个生态链，包括技术、研发、产品、品牌、市场、销售、渠道、服务，与客户共同经营，全程参与周期管理中去。

敏捷方法论在销售中的运用与结合可以实现的效益主要表现在以下几个方面：①加速产品到市场的实现与过渡，提高市场的快速更新与市场的增量覆盖；②实现资源的优化配置，提高资源利用率；③优化需求结构，实现最优组合，提高迭代频率；④增强服务能力，提高客户满意度；⑤尽早识别风险，提高市场把控能力。

**四、销售重构**

由于新形势以及市场环境的变化，特别是在大数据时代，充分利用国际、国内两种资源，抓住机遇，有效开拓市场，强力推进产业布局，以产业链优势，提供智慧行业解决方案，共同推进建设步伐，惠及于民，提供体验方便与贴心的服务。

面对多元化的销售环境，《敏捷销售》结合敏捷方法论在销售中的运用，包括"五大维度"（进程迭代线、交付分解线、资源成本线、评估确认线、项目规模线）中的相关策略和原理，针对销售流程及活动中所涉及到的人、资源、时机、社会、成本等对象进行重新整合，划分"六大区域"（信任建立、发掘需求、评估比较、价值呈现、谈判与成效、售后服务），重新运用，具体体现在客户新形态的定义、需求共建与重构、方案评估重构、价值呈现与重构等方面。

《敏捷销售》强调以人为本，最终以最小的成本、最快的方式获得较大的收益，协调人与社会、人与资源、人与时机、人与人、人与成本之间的关系，重构人与销售的连接。让销售人员化繁为简，找准局部以弱胜强的切入点，重新定义客户，重新定义需求，重新定义价值，重新定义解决方案，掌握成交先机，心存敬畏，苦练内功，从一个胜利走向另一个胜利，掌握美好的未来。

康美健康云服务有限公司总裁

彭约翰博士

2017 年 1 月

# 前　言

在新技术、新业态、新经济不断涌现的形势下，信息技术快速发展，特别是在互联网、云计算、大数据技术的支持下，信息化产业正朝着数字化、网络化、智能化演进，孕育着巨大的市场机遇。

此刻在路上打拼的朋友，特别是在我们身边的销售同行，当初满怀信心进入销售行业，带着父母、妻子、孩子的寄托，希望以此改变命运，改变生活，现在却垂头丧气，颗粒无收；做了十几年的销售，其业绩还不及一个做了几年的新销售员，自己原来的"三板斧"不灵了，自己的销售机器不中用了；也不乏处于职业生涯转型期，年龄到了，也确实没有其他选择；有的依然坚守，认为心存善念，种瓜得瓜、种豆得豆，然而，很遗憾，老天还是没有垂青！面对有巨大商机的新经济，你却深感心有余而力不足。

在销售路上的朋友，我们要让父母感受到我们的一份孝心，让他们少一点担心和牵挂；要让孩子快乐地度过童年。然而，我们还是在外奔波而疲乏，拖着疲惫的身躯住着最便宜的旅馆。辛酸已融入我们心里，责任承载着我们的未来，这些，我们要改变！

新的市场新的希望，在多元化的销售环境中，不要因为销售成为短板，不要因为销售不能实现自己的人生价值，让自己轻装上阵，减少失误，天堑变通途！本书正是在这样的背景下产生及来到你的身边的，化繁为简，以弱胜强，重新整合。让你快速去掌握，借助现有的商业环境，给客户创造或者传递价值。

本书先是从销售相关要素谈起；其次讲解敏捷销售，系统性地、详细地提出敏捷销售模型与策略，包括概念、进程迭代线、交付分解线、资源成本线、项目规模线、模型导入与分析等内容；再次谈关于敏捷模型运用，通过重新审视传统销售模式，重构销售流程，包括客户新形态、需求共建与重构、评估重构与方案重构、价值呈现与重构等内容；最后对销售进行回顾。

本书具有以下特点：

（1）从信息工程角度进行构思和解析，深入浅出，重构人、技术、销售的连接，阐述相关模型、流程、工具的基本规律，是国内目前专门针对信息化、物联网、大数据、云计算、互联网等领域的第一本销售类图书，本书打开探讨销售的一扇新窗，针对该领域的市场需求，对选题把控、内容取舍、专业表述方面进行组织与编排。

（2）针对新形势，阐述一种全新销售模型——敏捷销售，运用全新的策略和应用工具，导入敏捷销售模型，分析与应用多维战略，提升自己的竞争力，让读者认识并掌握一项全新销售模式。

（3）操作性强。案例素材完整，大量案例来源于信息化行业，通过教训总结、规律提炼、模型建立、工具指导、流程固化等方面进行分析与交流，运用起来可行、可靠，有针对性、类比性，达到可学、可用、可战，战则必胜。

（4）对于初学者，提供入门方法；对于转行者，能查漏补缺；对于销售业绩遇到瓶颈者，能柳暗花明。

（5）通过方法论、应用工具、场景分析方式来组织，有利于养成科学的信息搜集方法，系统性分析思维，改变销售人员以往用自我认知代替猜测、希望、策略的习惯，从而提高实践能力和把控能力。

本书中出现的大量案例皆为作者自行编写，请勿与现实联系，如有雷同，纯属巧合。

田雄军
**2016 年 6 月于深圳**

# 目　录

# 第一章　销售相关要素

销售是什么？销售其实就是呈现价值并满足客户的特定需求。如何找到客户的特定需求，就需要在客户认同或者取得信任的前提下，不断运用销售知识库来挖掘与实现。

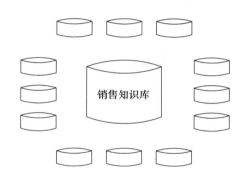

**图 1－1　销售知识库**

销售知识库（如图 1－1 所示），有些是有形的，有些是无形的，如何定义、理解、运用，取决于销售员的驾驭能力。面对销售知识库，销售人员需要怎样提升自己，具有怎样的特色，构成怎样的差异，形成自己专有的"名片"。销售人员要像莎士比亚一样拥有语言之美，要像玛丽莲·梦露拥有性感魅力，要像马丁·路德金一样拥有沟通号召能力……所有这些，需要一个过程，需要不断销售自己、经营自己、提升自己。

## 一、新技术

2016 年 5 月 24 日，李克强总理出席中国大数据产业峰会暨中国电子商务创新发展峰会时指出："信息技术是全球经济增长的重要动力，大数据、云计算、移动互联网的快速发展，对传统产业升级、新经济发展乃至社会生活进步具有重要促进作用。各方看好中国经济的向好势头和长期发展前景，愿积极对接'十三五'规划、中国制造 2025、'互联网＋'等发展战略……" 2016 年 3 月，李克强总理在政府工作报告中指出："我国正处于这样一个关键时期，必须培育壮大新动能，加快发展新经济。"

新技术的发展，不断丰富商业模式，构建出多层次的市场格局，蓬勃发展的孕育期和机遇期正在来临。

### （一）信息化

提起信息化，首先要说香农的《通讯的数学原理》中关于信息的理解。他认为是"不确定性的减少"，并引申出信息的定义："信息是系统有序程度的度量。"该定义给出信息的定量描述，并确定了信息量的单位为比特（bit），1 比特的信息量在变异度为 2 的情况下，就能消除非此即彼的不确定性所需要的信息量。

信息系统则是指结合业务活动管理理论和方法，应用信息技术解决遇到的问题，并为管理决策提供支持的系统。管理模式、信息处理模型、系统实现条件三者的结合产生现实的信息系统，整个逻辑过程包括信息输入、加工处理、有价值信息的输出。如图 1－2 所示。

管理领域及问题需要界定并分析，需要专门的业务知识，以及分析和处理该领域问题的模型。信息处理模型指系统处理信息的结构和方法。管理模式中的理论和方法，在信息处理模型中可以转化为信息的获取、存储、传输、加工、使用的规则。系统实现条件包括技术（信息化技术、互联网技术、云计算技术、大数据技术）、环境（人、财、物）等相关因素。

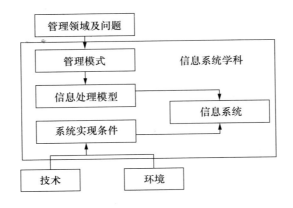

**图1-2 信息系统**

信息化系统的建设周期长、投资大、风险高，有其特有的生命周期，它不像设备那样有使用磨损，但需要不断维护，从图1-2可以看出，随着管理领域及问题、管理模式、信息处理模型、系统实现条件（包括技术及环境）的不断变化，信息化系统需要不断维护和修改，需要投入成本进行维护，另外，一旦它不能适应环境的变化，也很容易被淘汰，被其他系统替换。如图1-3所示。

从图1-3可以看出，信息系统的生命周期可分为系统规划、系统分析、系统设计、系统实施、系统运行和维护等阶段。

系统规划阶段是完成对企业环境、目标及现行系统状况的初步调查，根据企业目标和发展战略确定信息系统发展战略，对建设系统的需求作出分析和预测，提出建设新系统所受的各种约束条件，研究新系统的必要性和可行性。根据需求和可能，给出备选建设方案。对方案进行可行性分析，编制可行性分析报告，编写系统设计任务书。

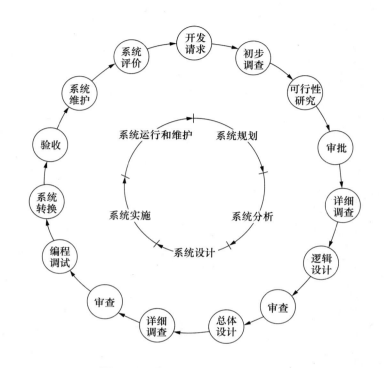

**图 1-3　信息化系统生命周期模型**

系统分析阶段是设计任务书所确定的范围，对现行系统进行详细调查，描述现有系统流程和逻辑，指出现有系统的不足和待改进之处，确定新系统的目标和功能。这些功能一旦确定，将作为后期系统设计的依据和后期收尾的依据。

系统设计阶段是根据系统分为阶段确定的功能要求，具体设计实现功能的技术方案，分为概要设计和详细设计，形成系统设计说明书。

系统实施阶段是系统付诸实施阶段，包括安装调试、程序编写与调试、系统培训。该过程需要精心安排和合理组织，系统测试完成后要形成系统测试分析报告。

系统运行和维护阶段是系统投入运行后，需要维护和评价，记录系统运行情况，根据一定规则对系统进行修改，评价系统的经济效益和社会效益。

上述各阶段系统投资方、承建方、使用方各方人力投入曲线如图1－4所示。

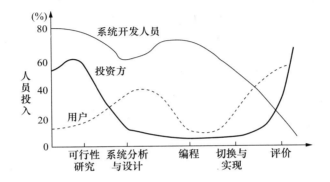

**图1－4　各方人力投入曲线**

用户、投资方，或者一个区域的信息化建设，都经历由初级到成熟过程，诺兰模型总结了信息发展规律并提出了信息发展阶段理论。

通过上述对信息化的介绍，销售人员能找到相应阶段为创造价值提供准备。

### （二）移动互联网

有关移动互联网的定义不尽相同：

百度百科：移动互联网，就是将移动通信和互联网两者结合起来，成为一体。

维基百科：移动互联网是指使用移动无线 Modem 或者整合在手机或独立设备（如 USB Modem、PCMCIA 卡等）上的无线 Modem 接入互联网。

WAP 论坛：移动互联网是指用户能够通过手机、PDA 或其他手持终端，通过各种无线网络进行数据交换。

中兴通讯：狭义地讲，移动互联网是指用户能够通过手机、PDA 或其他手持终端，通过无线通信网络接入互联网。广义地讲，移动互联网指用户能够通过手机、PDA 或其他手持终端，以无线方式通过各种网络（WLAN、BWLL、GSM、CDMA 等）接入互联网。

上述是移动互联网的相关定义，其实移动互联网从层次上看，可以分为终端层、接入层和应用层。终端层包括移动互联网设备（MID）、手机、PDA 等；接入层是指第二层接入 2G/3G/WiMAX，或第三层接入移动 IPv4/移动 IPv6；应用层是指能够体现终端移动性和位置信息的业务，以及在终端和带宽条件满足情况下固定互联网的各种业务。

在移动互联网中，用户行为特点表现在：位置可变性、缺乏专注性、即时响应性、任务突变性、随时随地性。用户需求特征表现在：需求动力的原始性、需求思维的懒惰性、需求心理的猎奇性、需求费用的低廉性。

当前移动互联网的用户已超过固网用户，如图 1－5 所示。

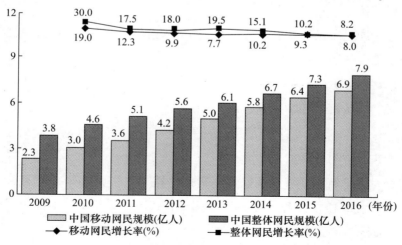

图 1－5　2009～2016 年中国整体网民及移动网民规模

智能终端呈现出爆发性增长，如图 1 - 6 所示。

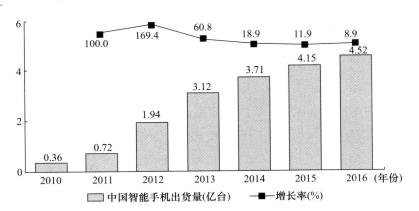

图 1 - 6　2010 ~ 2016 年中国智能手机市场出货量规模

市场规模快速增长，如图 1 - 7 所示。

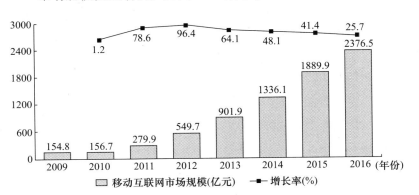

图 1 - 7　2009 ~ 2016 年中国移动互联网市场规模

移动互联网未来发展及趋势：移动互联网未来将超越 PC 互联网，迈向智能互联网，引领发展新潮流；与传统行业融合，催生新的应用模式；云计算的普及，使网络资源得到最大化运用；商业模式多样化，细分市场继续发力；智慧城市是城市发展的新兴模式；掘成蓝海，精准营销潜力凸显。

## （三）物联网

2005 年，国际电信联盟（ITU）发布名为"Internet of Things"的技术报告给出了物联网定义："物联网"是信息和通信技术（ICTs）中的新维度，RFID 技术、传感器技术和嵌入式智能技术、纳米技术是物联网的基础性技术。虽然未来还需要解决新资源的标准制定和管理等问题，但我们的确正迈进一个新世界，在那里物与物之间不需要我们的任何指示就能进行相互间的数据交换。

"物联网"指通过装置在物体上的各种信息传感设备，如 RFID 装置、红外感应器、全球定位系统、激光扫描器等赋予物体智能，并通过接口与互联网相连而形成一个物品与物品相连的巨大的分布式协同网络。

物联网的发展经历四个阶段：2010 年之前，物联网主要表现为 RFID 技术在物流、零售和制药领域的广泛应用；2010～2015 年，电子标签和传感器网络集成，实现物品之间的信息互联；2015～2020 年，互联物品进入半智能化；2020 年之后，逐渐进入全面智能化的物联网。

物联网实质是物物相联的互联网，物联网的核心和基础仍然是互联网，是在互联网基础上延伸和扩展的网络，其用户端延伸和扩展到了任何物品与物品之间，进行信息交换和通信。

物联网近年在中国的发展：

2009 年 8 月 7 日，温家宝同志在考察中国科学院无锡高新微纳传感网工程技术研发中心时强调，"在传感网发展中，要早一点谋划未来，早一点攻破核心技术，把传感系统和 3G 中的 TD 技术结合起来"。故 2009 年也被称为中国物联网元年。

2009 年 9 月 21 日，工信部在相关会议上首次明确提出要进一步研究建设物联网、传感网，加快传感中心建设，推进信息技术在工业领域的广泛应用，提高资源利用率、经济运行效益和投入产出效率等。

2009 年底，"中国电信物联网应用和推广中心"、"中国电信物联网技术重点实验室"在江苏无锡成立，标志着中国第一个"物联网城市"在无锡正式启程。2010 年 1 月，传感（物联）网技术产业联盟在无锡成立。

2010 年 4 月 30 日，在中国物联网产业发展论坛暨第三届国际无线传感网产业发展峰会上，"美国硅谷—杭州物联网产业创新中心"正式签约落户杭州东部软件园。

2010 年 5 月 18 日，我国首个针对物联网、传感产业融资的"物联网产业基金"签约设立，由无锡新区创投集团、大唐电信、中科院与无锡国联集团共同发起，计划总规模将达 50 亿元。

物联网建设在我国成为大家普遍关注的热点，得到国家科技部、质检总局、国家标准委员会等政府部门和自动识别技术等相关行业及企业的高度重视。

我国传感网标准体系已形成初步框架，向国际标准化组织提交的多项标准提案被采纳，传感网标准化工作已经取得积极进展。

物联网工作原理：首先，对物体属性进行标识（静态、动态），静态属性可以直接存储在标签中，动态属性要先由传感网实时进行探测；其次，需要识别设备完成对物体属性的读取，并将信息转换为适合网络传输的数据格式；最后，将物体的信息通过网络传输到信息处理中心。由处理中心完成对物体通信的相关计算。

物联网商业应用主要表现：被明确列入《国家中长期科学技术发展规划（2006～2020 年）》和 2050 年国家产业路线图，并规划应用到智慧电力、智慧医疗、智慧城市、智慧交通、智慧供应链、智慧银行。

形成基于四大技术的物联网支柱产业群：RFID 产业群、传感网产业群、M2M 产业群、工业信息化产业群。

### （四）云计算

各机构对云计算定义不尽相同：

维基百科：云计算是一种将规模可动态扩展的虚拟化资源通过 Internet 提供对外按需使用服务的计算模式，用户无须了解提供这种服务的底层基础设施，也无须拥有和控制。

百度百科：狭义云计算是指 IT 基础设施的交付和使用模式，指通过网络以按需、易扩展方式获得所需的资源（硬件、平台、软件）。广义云计算指服务的交付和使用模式，指通过网络以按需、易扩展方式获得所需服务。

IBM：一个虚拟化的计算机资源池。托管多种不同的工作负载通过快速提供虚拟机器或物理机器，迅速部署和增加工作负载。

Google：以公开的标准和服务为基础，以互联网为中心，提供安全、快速、便捷的数据存储和网络计算服务。

微软："云—端计算"，即"云"和终端都具备很强的计算能力；所有应用程序都在本地终端上使用也不一定合理，因此强调"云"和终端的均衡将是一种合理的方式；云是"软件 + 服务"的综合。

美国国家标准与技术研究院（NIST）：云计算是一种资源利用模式，它能以简便的途径和以按需方式通过网络访问可配置的计算资源（网络、服务器、存储、应用、服务等），这些资源可快速部署，并能以最小的管理代价或只需服务提供商开展少量的工作就可实现资源发布。

云计算本质是一种新的提供资源按需租用的服务模式，也是一种新型的互联网数据中心（Internet Data Center，IDC）业务。其具有如下特征：基础资源租用、按需弹性使用、透明资源访问、自助业务部署、开放公众服务。

服务层次是根据服务类型即服务集合来划分。云计算体系结构中的层次是可以分割的，即某一层次可以单独完成一项用户的请求而不需要其他层次为其提供必要的服务和支持。应用层对应SaaS（Software as a Service，软件即服务），如 Google APPS、Soft-Ware + Services；平台层对应 PaaS（Platform as a Service，平台即服务），如 IBM IT Factory、Google APPEngine、Force. com；基础设施层对应 IaaS（Infrastructure as a Service，基础设施即服务），如 Amazo Ec2、IBM Blue Cloud、Sun Grid；虚拟化层对应硬件，即服务结合 PaaS 提供硬件服务，包括服务器集群及硬件检测等服务。

基础设施及服务（Infrastructure as a Service，IaaS）。其特点及价值为：用户无须购买、维护硬件设备和相关系统软件；提供虚拟化的计算、存储、网络资源；资源可根据需求动态分配；服务偏底层，使用灵活。将计算和存储以授权服务形式提供，其核心是将某一或某几个数据中心的计算/存储资源虚拟化，以灵活划分资源。云计算的基础架构一般架设在拥有大规模计算和存储的数据中心。使得中小企业也能够利用到原来大型企业才具备的信息基础设施，多个应用共享基础设施也降低了成本。

平台及服务（Platform as a Service，PaaS）。其特点及价值为：提供简单易用的高级编程接口，使软件开发人员可以在较短时间内完成开发工作；应用的开发和运行基于相同的平台，因此兼容性问题较少；开发者无须考虑应用扩展、服务容量等问题；平台的运营管理功能可帮助开发人员对应用进行监控和计费。平台可以使开发者不用关心后台大规模服务器的工作细节，给开发者提供一个透明安全、功能强大的运行环境和开发环境。平台屏蔽了部署、发布等应用开发细节，并且提供了一些支持应用开发的高层接口以及开发工具。

软件及服务（Software as a Service，SaaS）。其特点及价值为：

用户不需要在本地安装软件副本，也不需要维护相应的硬件资源；软件以服务的方式通过网络交付给用户，用户只需要打开浏览器或某种客户端工具就可以使用服务。虽然软件及服务面向多个用户，但是每个用户都感觉是独占该服务。软件系统各个模块可以由每个用户自己定制、配置、组装和测试，得到满足客户自身需要的软件系统，降低软件系统使用、维护、运行和支持成本。

云计算带来的影响主要体现在以下几方面：

影响一：软件快速向服务模式转型。将影响从产品销售模式转向在线服务模式，软件销售收入是传统软件企业的主要收入来源。目前，软件行业正由产品销售向"软件即服务"（SaaS）模式发展，SaaS将成为未来软件行业的主流模式。

影响二：产业结构面临调整。云计算使得信息服务的社会化成为可能，改变了大众需求，催生新的市场和新的服务业；软件产业结构发生变化，基于内容的信息服务业所占比重越来越大；单机的系统软件和中间件所占比重逐渐减小，软件依附于应用；嵌入式软件更加个性化、柔性化。

影响三：接入端设备多元化、个性化。更多的数字终端都可接入云计算服务，例如，台式机、笔记本、上网本、手机、电视机、冰箱等都是接入设备。

影响四：虚拟化和并行计算将得到广泛应用。通过并行计算，可以最大程度实现运算资源的集中；而利用虚拟化技术，可将集中化的计算资源用于不同的计算任务，并极大地提高现有计算资源利用效率。

**（五）大数据**

大数据已成为继物联网、云计算之后的信息技术产业中最受关注的热点领域之一，随着大数据从概念渗透转向应用发展，大数据产业将成为引领信息技术产业发展的核心引擎，推动社会进步的重要力量。

2015 年 5 月，李克强总理提出："大数据产业，是中国推动'互联网＋'战略的重要支撑……"

2015 年 9 月，国务院通过并要求各级政府印发《关于促进大数据发展的行动纲要》，标志着中国大数据国家战略地位正式形成……

2014 年 IDC 预测，未来全球大数据市场将以每年超过 30% 的速度增长，而我国更快，预计将超过 50%……

2014 年麦肯锡统计美国医疗行业通过大数据就获得潜在价值超 3000 亿美元，欧洲政府利用大数据节省开支超 1000 亿欧元，未来在全球的交通运输、电力、医疗健康等七大领域，大数据将会撬动超过 3 万亿美元的经济价值。

总之，数据就是资源，数据就是财富，大数据意味着大机遇、大产业、大红利。今天的大数据已经成为驱动经济发展的重要生产资料，引发全球新一轮生产力革命。大数据已经广泛渗透并深入应用于政府管理、工业制造、商业金融、教育科技、民生服务等经济社会领域，成为促进生产方式、生活方式和社会管理方式创新变革的重要驱动力。

大数据或称巨量数据，指涉及资料量规模巨大到无法透过的主流工具，在合理的时间里达到撷取、管理、处理并整理成为帮助企业更积极经营决策的信息。

大数据具有 4V 特点——Volume、Velocity、Variety、Veracity，或者说有四个层面：第一，数据体量巨大，从 TB 跃升到 PB 级别。第二，数据类型繁多，包括网络日志、视频、图片、地理位置信息等。第三，价值密度低。以视频为例，在持续不断监控过程中，可能有用的数据仅仅 1～2 秒。第四，处理速度快。正因为这些特点，要求处理大数据要有特殊的技术，以有效处理大量数据。适用大数据的技术，包括大规模并行处理数据库，数据仓库，分布式文件系统，分布式数据库，云计算平台，互联网，可扩展的存储系统。

由于社交网络兴起，大量的音频、文本信息、视频、图片等非结构化信息出现。物联网数据更大，加上移动互联网能更准确、更快搜集用户信息，比如位置、生活信息等数据。各搜集引擎和微博信息使得人们的行为和情绪的细节化测量成为可能。挖掘用户的行为习惯和喜好，从凌乱纷繁的数据背后找到更符合用户兴趣和习惯的产品和服务，并对产品和服务进行针对性调整和优化，这就是大数据的价值。

未来，数据可能成为最大交易商品，但仅数据量大并不能算是大数据，大数据的价值是通过数据共享、交叉复用后获取最大的数据价值，未来大数据就像基础设施一样，有效提供供应商、管理者、监管者，数据的交叉复用将使大数据变成一个产业。据预测，大数据的经济价值将在 2017 年上涨到 530 亿美元。

大数据利用 Hadoop 等开放源码技术，通过传感器、RFID、社交媒体、呼叫中心记录和其他来源提供新型数据创造价值。出于这样的目的，许多组织开始启动自己的大数据治理计划，通过治理解决元数据、隐私、数据质量、信息生命周期管理、管理人员、容量、延迟、安全、成本、积累、灵活性、感知、小用户等问题。Hadoop 技术是一个高度可扩展、分布式批量处理系统，对大数据进行集中扫描，以产生结果，它包括三个部分，分别是 Distributed File System、MapReduce、Common。

国内网络广告投放正从传统面向群体营销转向个性化营销，从流量购买转向人群购买。大数据是一个很好的视角和工具，从资本角度来看，什么样的公司有价值，什么样的公司没有价值，可以从拥有数据的规模、灵活性、运用数据的能力方面看出该公司的核心竞争力。移动互联网将大数据带入新的征程，互联网营销在行为分析基础上向个性化时代过渡，通过应用大数据告诉企业什么是正确的时间，谁是正确的客户，什么是应该正确发表的内容，这些正好切中客户需求。

社交网络产生了海量用户以及实时和完整的数据，同时社交网络也记录了用户群体情绪，通过深入挖掘这些数据了解用户，了解用户的购买习惯和决策过程。实际上，将用户再精准细分，直接找到用户社交内容背后数据挖掘带来的结果，通过这种捕捉实现成交，并可以推断出未来的成交更多建立在以人为中心，并主动迎合用户的需求。

在新技术时代客户要求拥有快速的创新，数字化业务运作，用户有效体验，快速迭代与更新。同时要求新的业务标准，如一致的数据信息，统一的商业智能，公有的集成框架，统一安全的访问控制。

通过上述信息技术、物联网、移动互联网、云计算、大数据等新技术的介绍，让销售人员可以施展更多新销售方法，改变营销观念，对终端用户提供交互式的体验及信息共享，让销售效果更好。以平台为核心，整合线上线下渠道，搭建完整的营销场景，采集高质量的用户数据，无论线上线下均能实时查看现场动态，快捷管理，掌握翔实的活动数据，统一的身份识别，高效寻找客户、培育客户。

## 二、新形势下相关对象

在新形势下，由于新技术、新方法、新市场的出现，让销售人员不再像传统的营销对象那样单一，而是直接、重新形成新的体系，重新构成新的侧重点，包括重新认识审视自己，了解自己所处的平台，了解行业知识，了解行业存在的主要问题及解决方案，了解行业商业环境，等等。

（一）行业主体、客体

1. 销售人员

认识并介绍自己，呈现并能卖出去，是销售的根本任务。卖什么，要看所拥有的资源，这些资源与销售员自己、公司、产品、案例、政策紧密相关。

在向客户介绍自己之前，先要认识自己。如何认识自己，可通过以下方法：

（1）审视自己，了解自己，喜欢自己。

审视自己。自己的优点、缺点，长处、短处，自己的长处在哪些领域，取得了什么资质认可，对什么感兴趣，擅长什么。可以把这些写在一个本子上，平时多总结。

了解自己。认清自己在整个工作中的位置与定位，自己当前的言行是否与所在公司赋予的行政级别及权限相称，自己当前的行为是代表个人行为、部门行为，还是公司行为。若代表公司行为，则要申请与公司负责人一同前往；若代表部门行为，则应与部门负责人一同交流等。

喜欢自己。有非常多的销售人员信心不足，不相信自己会成功，不觉得自己是最优秀的销售人员，不相信自己是独一无二的，所以他们以非常低的自我形象，以非常自卑的心态做销售。事实上没有人愿意跟一个不自信的人做交易。

（2）树立"世界上最好的产品是自己"的意识。

一个人要先接受自己，了解自己，喜欢自己，才能引来别人对你的信任。与客户建立信任的过程，首先让客户见到的、感受到的不是公司及公司产品，而是你自己。

世界上最重要的顾客是你自己，这似乎是一个矛盾的观念，其实从心理学的角度讲，是有道理的。当你自己都不接受自己的观点，当你自己都不相信自己讲的话，当你自己都不愿意用你所推荐的产品时，是不可能将信念传递给任何人，将观念让任何人接受的。换句话说，你需要先自己卖出自己，要先问问自己，我愿不愿意相信我说的每一句话、做的每一件事，我愿不愿意购买我所推荐的产品。

（3）提升自己，相信自己，卖出自己，卖出自己的价值和差异。

不断提升自己的能力，远强于通过人情做出来的关系，远强于通过取悦他人的那种被动，关系如流水，用自己实力不断为客户创造价值，这才是长久的，才更有力量。

卖出自己的最大意义在于：使合作伙伴、客户专门喜欢找你，指定要你接待，指定要你签合同，只有你才能通过验收，只有你才能收回货款等。

（4）在介绍自己时，重点把握以下几点：

第一，区分好销售人员的差异，你有哪些特点，对方认同你的哪些品质。第二，突出你的品质，你的闪光点。在突出你的品质前，要做好调研，慢慢地引导客户找你合作。第三，突出与对方建立影响方式和途径的不同，建立影响方式和途径有很多种，如有人靠互惠（即交换利益）互利，有人靠承诺与一致（信用），有人靠社会认同，还有人靠喜好、权威等，找到适合自己的影响方式。

以下是销售人员介绍自己的场景：

销售员陈涛，递了张自己的名片。陈涛："李院长，您好！我是医疗信息公司的，从事销售方面的工作。我们去年曾在云南昆明医疗信息大会上见过面，当时在现场只是简单的交流，今天特来拜访。"

李院长上下打量了下陈涛，倒是挺自信的，似乎回忆起云南昆明的一幕，但他每天见到的供应商太多了，对眼前的这个小伙子确实没有什么印象。

陈涛望着李院长的眼神，顿了下，自我介绍道：

"我在这个行业有多年的经验，从事销售方面的工作已经3年了。广沙人民医院是我们的客户，上个月我和李院长交流时，也提到过你，他说你也是他的同学。"

"广沙人民医院日门诊量4500人次，每天挂号排很长的队，有12个窗口，好多人都是早上6点就去排队，到了9点门诊部已经被围得水泄不通了。病人都喜欢往那里跑，但场地有限，特别是车库不够，为了等一个车位，不知要在医院周围转多少圈，近几年来一直让医院的领导非常困惑，医院领导们都一直想解决这个问题。"

"不知医院是否存在上述问题？"

李院长点点头，问道："不知你对解决方案是否了解？"

"我本人一直在这家公司工作，在做销售之前，是做公司的实施工程师，后来升为实施顾问，熟悉医院业务，特别是三甲医院的系统上线经验。在医院信息化方面，李院长，你看我能帮点什么忙？"

李院长："小陈，你来之前，广沙人民医院陶院长和我提到过这个事情。今天你来了，我很高兴，但我对信息化不懂，我现在安排信息科长过来，他和你沟通交流，行不行？"

一会儿，信息科陈科长就过来了。李院长："陈科长，这是深圳医疗信息公司的小陈，广沙人民医院的移动医院项目就是他们做的，你同小陈先交流一下。"

陈涛站起身来，递了张名片给陈科长，也简单介绍了自己，开始了信息化的技术交流。交流后，陈涛添加了陈科长的微信，便于后续沟通与联系，并加了公司的二维码，以便了解公司相关信息。

2. 公司

公司平台基本情况，公司所在行业的竞争层次：包括公司规模（注册资金、员工人数、研发人员、市场人员等）；公司管理体系；公司经营状况（年度营业总收入、纳税情况、财政实力、长期发展能力等）；公司资质（颁发部门、级别、同级别资质当前已颁发给市场的数量，特别是同行业的数量）和证书；所获奖项（国家级、省级、市级等）和发明专利；企业信誉（级别）；综合服务支撑能力（行业案例、经典项目）等。

**（二）行业解决方案**

*1. 产品或者服务*

顾客真正购买的不是产品本身，而是解决问题的办法。产品是用来解决或者修正客户在商业流程中所遇到问题的工具和知识的集合，包括功能、可靠性、移植性、稳定性、安全性、一致性、持久性等，是解决方案的最初来源。服务包括安装、实施、售后、培训、咨询、服务响应及时性、解决问题能力等要素。

产品生命周期，从线索出现到达成合作需要多长时间，产品试用到淘汰一般需要多长时间；产品基本效用，产品的品质、特征、式样、品牌、包装、附加服务；产品服务有无品牌、产品体系是否完整、技术是否领先、性能指标如何，产品是否可靠、安全，是否具有二次开发能力和移植能力，系统升级是否支持、产品是否具有持续发展能力等；产品或者服务能实现用户什么需求，解决什么困难，达到什么目标。

产品有哪些功能，哪些特征，能解决哪些业务问题，该功能会在什么场景下发生，业务逻辑包括哪些过程，用户需要如何操作，达到什么效果，取得哪些效益；如何使用这些功能，这些功能带来哪些效果，运用该功能能给客户带来哪些利益；遇到什么情况使用这个功能，相关功能有哪些，如何演示验证这些功能，如何让客户体验；这些产品在市场上有哪些供应商，其产品有哪些区域，这些供应商使用该产品在市场的代表性案例在哪里；该系统的使用涉及哪些用户和角色，各角色关注点是什么，他们一般会有什么需求，工作中的业务需求是什么；公司产品获得哪些资质、荣誉、专利，系统运行环境、技术参数、生产过程等。

下面是销售人员对公司及产品的介绍：

我公司是一家合资企业，是我国最早生产高新技术医疗器械的企业之一，并设立有我国最早的国家级企业博士工作站和医学影像工程中心，在国内外设有多个办事处或相关的服务机构，网点覆盖全国，着眼世界。

公司率先研发并生产了国产磁共振成像系统，打破国外巨头的垄断，相关系统也在国内问世，如心电、内窥镜、病理等，当前系统已不断升级，依托 16 年的积淀，始终贯彻"科技关爱健康"的理念，取得 1000 多家医院的认可和依赖，当前已是国内影像软件系统标准的 5 家起草单位之一，当前该系统分为单机版、科室级、全院级、区域级等多个版本，功能全面，集成自选，大小皆宜。

公司有完善的售后服务体系，遍布全国的售后网络，高效专业的维护人员，经验丰富的技术支持工程师，方便的电话及远程网络服务支持，多级别的故障处理，定期进行的系统维护，快速的服务响应。

在产品或服务呈现时，需要传递对产品的热爱，让对方感受到你的热诚。同时，推荐产品的价值，让对方感受到物有所值，让对方产生成交的愿望，或者有一种倾向。

2. 解决方案

解决方案主要内容包括：项目背景（行业、区域、单位），

20

存在的问题、需求分析、需求实现（建设内容、实施、花多长时间、投入多少钱、能达到什么效果）、保障（论证可行性、政策可行性、经济可行性、技术可行性）、效益价值分析、风险及解决方案。

方案解决的业务逻辑、业务场景；解决对象，解决什么问题（痛点和痒点），约束条件，解决这些问题的次序，达到目标；这些场景对应客户中哪些角色，谁会对其比较关注，处于什么层次；客户如何运用这些功能，真正的价值是什么，为什么要提出这种需求。

3. 案例

案例是解决方案在一定条件下使用（应用）的实施效果。

客户："陈涛，你们在医疗方面做了哪些案例？特别是本地区有没有相关案例？"

销售员："有！人民医院就是用的我们的，效果还不错。"

销售员："当初，人民医院人满为患，比你们医院还严重，看病难问题一直存在。现在只需要扫描一下二维码，就可安装，然后在手机上点一下APP，就可在手机上挂号、排队，还能直接缴费，真正解决'三长一短'问题和'看病难'问题。"

客户边听陈涛讲，边把头伸过来看。

销售员："要不这样，陈科长，我给您申请一个临时账号和密码，你进去感受一下。回头再来交流，听取您的意见，怎么样？"

陈涛说着给了陈科长一个账号和密码，并附带了一本产品说明书，上面有客户案例、产品功能说明、客户评价、系统架构等。

在案例呈现时，要注意以下几点：

（1）是否有典型案例，特别是本区域类似的案例。

（2）案例解决的问题有哪些，实现了哪些愿景，是如何实现的，花多长时间，投入多少资源，取得了哪些经济效益和社会效益。

（3）案例实施周期、投入成本、建设内容、营销模式等。

（4）老客户如何评价这个案例，是否有代表性、先进性，是否有号召力。

**（三）商业政策**

在客户那里销售人员需要报价，承诺售后服务、实施安排，很多方面涉及公司政策。这些通常是销售人员要准备的内容，具体包括以下方面：

**1. 宏观政策**

销售人员通过宏观政策可以间接认识行业特点，行业内存在的问题，便于更好地营销定位、客户交流、市场布局。

销售人员通过宏观政策的研究和学习，其意义是开展营销活动的工具与拐杖，也是快速建立客户信任的利器。

可以通过以下方法认识政策：政策出台背景，针对哪些问题和漏洞制定的，为什么要制定这些政策，政策可以解决哪些问题；政策对行业中的哪些群体和公司、个人产生影响，有关政策的制定、执行涉及哪些部门，各部门是怎样的分工，需要怎样落实与执行，需要什么资源保障执行；政策在未来会给行业带来哪些变化，带来哪些商机并产生哪些需求，市场竞争格局会发生哪些变化，5~10年后会在经济、政治、技术、人口、环境领域造成哪些影响，产生哪些利空和利好，将会产生哪些社会效益和经济效益等。

宏观政策主要包括以下内容：

（1）国家发展规划、政策、文件。

（2）行业及地方政策、法规、制度。

（3）信息化系统建设指南、技术规范、建设技术解决方案、行业许可与资质。

2. 微观政策

公司所在行业。行业利润，最低成本，销售费用、管理费用、财务费用，商务报价，销售费用比率多少，销售毛利，建设所对应的价款，付款方式，最低成本，售后服务，产品交货期，交货方式等。

产品成本，产品成本构成。成本构成要素：研发成本、实施成本、外购成本、分包成本等。

类似项目公司能投入资源，投入资源周期及响应时间。该项目成交，公司可举办哪些商务活动，公司参与人员层次和数量，接待标准，接待过程等。

产品提成政策。销售该产品的提成如何计算，奖励制度规定提成多少，什么时候兑现，绩效如何衡量与分配。

合作协议、合同样本。具体包括建设内容、工期、付款方式、价款等。合同、合作协议最好是近期的、有代表性、优质的合同。

3. 学习政策途径与方法

了解公司以往类似项目在调研、成本评估、报价、投标、合同签订、实施、验收、售后服务等阶段相关文件。

若公司没有类似项目，则要分清哪些是公司行为、部门行为、个人行为，对于涉及公司行为、部门行为的，则要分别向相关负责人请示、交流，达成一致意见，以便向客户作出答复。

（四）其他

通过上述认识，让自己具备基本销售能力，通过对公司、产品、案例、政策相关要素的了解来丰富行业业务知识。

行业知识、产品知识是了解客户业务的敲门砖，了解客户业务是为客户创造价值或者传递价值的基础。只有对客户的业务有深刻理解，才能尽快发现需求，找到客户差距，更快出具解决方案。

通过行业知识、产品知识融入客户业务，与客户一同进行采购决策，一同交流，渗透到客户采购决策各个环节。用客户所理解、喜好、意愿的方式去呈现、去表达。了解行业中所经历的角色、周期、组织结果和个人价值。

提升自己能力，是价值呈现的根本，将自己能力与客户需求连接，并证明你有供应商的能力，比如熟悉客户的全盘业务，这种能力的价值对于客户设计信息化建设方案有帮助，对于决策者确保项目实施成功有帮助。知识与专业能力，要体现在对客户所在行业的熟悉，对客户的行业和业务知识的了解程度，特别是能不能提出问题，针对客户关注的重点问题能不能提出有效建议。

处理好"追马"与"种草"的关系。销售人员有追客户的天性，这是由职业性质决定的，有极强的功利性，"追马"涉及动机，涉及风险，你为成交介绍了一箩筐，客户还是认为对于他的利益一点都没有。去追一匹马，不如用追马的时间和资源去种草，去扎根，待到春暖花开时，自然会有一匹骏马向你奔来，因为马会为草而来。不要刻意巴结一个人或者一个客户，用暂时未取得认同的时间提升自己，通过能力的提高发现客户的需求，发现客户的困难，并找到解决这些问题的方法和途径，你所做的这些事，也许暂时得不到客户期许，但不要灰心，待时机成熟时，客户和朋友自然与你同行。

学习行业业务知识，有以下途径：

（1）向客户学。如到客户现场调研需求、商务拜访。

（2）向公司老同事学。如公司的研发人员、实施人员、售后服务人员等。

（3）向竞争对手学、向同行学。了解对方的彩页、宣传册、销售人员等。

（4）知识库搜索。知识分析、集成应用、知识接口 API 等。

### 三、聚焦差异

"世界上没有两片完全相同的叶子"，这发生在 17 世纪末，在普鲁士王宫，德国哲学家莱布尼茨向王室成员和众多贵族宣传他的宇宙观时提出："天地间没有两个彼此完全相同的东西。"听者哗然，不少人摇头不信。于是，好事者就请宫女到王宫花园中去找两片完全相同的叶子，想以此推翻这位哲学家的论断。结果，令他们大失所望，谁也没有找到同样的叶子，树上的叶子表面上好像一样，可是仔细比较，却是大小不等、厚薄不一、色调不一、形态各异。

造成差异的原因，是它们本身所包含的本质特征不同。所谓差异，就是相对于某参照对象，从不同角度找到区别其他同类产品的特点，聚焦到极致，然后塑造其价值。销售中的差异是指消费者所持有的与品牌密切联系的特性，以及与之相关的正面评价，并且相信竞争对象无法与之媲美。相似点是指并非品牌所特有，而是可能与其他品牌有相近之处。

差异是客户的一种认知、手段，不是产品功能单一方面的比较。差异是建立在对客户需求和价值理解基础上，销售的原则是先求同，再求异，而不是直接找差异、客户找需求的功能，销售人员找问题，找差异化优势，然后去连接。客户认同的优势才是优势，否则什么都不是，只有适合与不适合。

差异化是营销的本质，销售人员无法改变产品，但是可以改变对产品的看法和角度，看到的角度不同，结果就不同。大家都知道盲人摸象，对于同一头大象，因为他们摸到的点不同，每个人对大象的理解也不同，因为我们改变不了大象，但是可以改变摸大象的角度。销售员，就是要引领别人看事物的角度，把特点

25

变成优点，再把优点发挥到极致。从某一角度找到产品的某一差异，将差异放大、重复，当差异被重复到一定程度，就在顾客心智中产生质变，形成了产品的唯一优点。

差异产生的来源见表1-1。

**表1-1　差异产生的来源**

| 公司 | 规模、注册资本、财务状况、类似案例等 |
|---|---|
| 产品 | 功能、可靠性、移植性、稳定性、安全性、性能、一致性、持久性等 |
| 服务 | 安装、实施、售后、培训、咨询、服务响应及时性、解决问题能力等 |
| 人员 | 总人数、个人能力、素质、经验等 |
| 渠道 | 覆盖率、专业、敬业、绩效等 |
| 形象 | 品牌、氛围、标语、广告、符号等 |

下面是差异营销较为成功的案例：

人民币相关服务。人民币在全国均是相同商品，是完全同质化的商品，但为什么存在几大国有银行或一些商业银行，这是因为银行之间通过推出不同的增值服务、附加值服务来进行差异区分。比如全国所有的银行都提供信贷业务，不同的商业银行提供的服务让你感受不同，如华夏银行的服务称为"贴身服务"，招商银行的服务称为"一对一服务"，交通银行的服务称为"度身定做"服务，各银行开展的理财品种、服务方式、服务态度，客户分类方面均不同。

报童的故事。有两个报童在同一区域卖报纸，报纸每天的版面、内容、价格、发行时间全部是相同的，第一个报童很勤奋，每天沿街叫卖，嗓子也很响亮，可每天卖出的报纸并不多，而且还有减少的趋势。第二个报童肯用脑子，除了沿街叫卖，他还每天坚持去一些固定场合，去了后就给大家分发报纸，过一会儿再来收钱，区域越跑越熟悉，顾客也更喜欢他了，报纸卖出去的也就越来越多，当然也有些损耗。第一个报童能卖出去的越来越少，不得不另谋生路。

报童的故事的启示在于，第二个报童的做法大有深意，而且营销模式差异明显，有渠道覆盖率差异。第一，在一个固定的地区，对同一份报纸，读者是相同且是有限的，买了我的，就不会买他的，我先将报纸发出去。拿到报纸的人肯定不会再买别人的报纸，等于我先占领市场，发得越多，对方的市场越小，竞争就越激烈。第二，对产品特点了解深刻，报纸销售的特点不像消费品有复杂的决策过程，随机性购买多，一般不会因质量问题而退货，而且金额也不多，大家也不会不给钱，今天没有零钱，明天也会给，文化人嘛，不会为难小孩子。第三，服务差异，采取先提供产品后收取费用的方式。

差异化是销售生活的一部分，例子不胜枚举，不妨学学银行，如工商银行、农业银行、建设银行、招商银行、民生银行、兴业银行……

没有同质化的产品，只有找不到差异的销售。其实客户不是在找差异，而是在找差异带来的价值，找一份保障。其实销售员寻找差异是为了达成优势，这个优势对客户才有意义，客户通过优势形成决策的理由，选择你而不是选择其他人。那些找不到差异的销售员，往往只有回扣，这是愚蠢的销售员。利用差异化在客户心目中建立竞争的倾向性，聚焦差异，给客户选择的理由。

差异是与客户需求相关的，在发挥你的优势之前，必须了解客户需求，差异的前提是要了解客户需求，只有在满足客户需求的时候，差异才有力量。

## 四、激发客户痛苦

客户有时不清楚自己想要的东西，但他清楚什么东西不是他想要的，至于是不是最适合的东西，客户也是不清楚的。例如，对于一位口渴的人来讲，你可以给他水、饮料，甚至冰棒，他都有可能接受，但面包他是肯定不接受的。

某市锅炉厂向市区及附近化工厂供暖供气，锅炉厂从成立以来一直平顺运营，业务一天天壮大。但锅炉厂总经理张总一直不安，常有"常在河边走哪有不湿鞋"的预感，预感某种风险终究会来临。

果不其然，冬天工厂失火，大家费尽周折，火灾终于被扑灭。张总面对如此重大的损失，内心不时自责，检讨自己对之前的两套方案未能引起重视。他认为，火灾的发生，都是因为没有自动报警装置，没有建立防火门，没有建立灭火等系统工程。痛定思痛，要求立即启动广和消防器械公司建设方案，越快越好。

其实张总在去年收到的这两套方案分别由不同的两家供应商设计，具体如下：

金源工程公司，主要承接各种烟囱、筒仓、灰库、煤仓、倒锥壳水塔、冷却塔、造粒塔及钢筋混凝土结构异型塔等高耸构筑物的新建与滑模施工工程，公司销售经理刘阳。当初，刘阳到锅炉厂后，先做需求调研，了解现状，给出了异地重建方案：建议改造改装烟囱，其理由是锅炉厂旁边有个木材分厂，存放很多木材及一些可燃物，出于安全考虑，必须将烟囱转移到异地重建。总投资40万元，三年可收回投资。

广和消防器械公司，集消防产品的研发、生产、销售及消防工程设计、施工与服务于一体，公司销售经理叫徐铁。当初，徐铁到锅炉厂后，也同样做了需求调研，了解现状，给出了消防系统工程方案：建设包括火灾自动报警、自动喷淋灭火、气体灭火、消火栓系统工程、防火门工程、防排烟工程、水电工程。总投资 60 万元，五年可收回投资。

张总选择广和消防器械公司的建设方案，理由如下：

（1）广和消防器械公司方案充分利用火灾分析并激发客户的需求。他们的分析是：未安装报警装置，员工离岗隐患不能被发现，隐患一发不可收拾，大火无情，蔓延到原料库、锅炉车间，导致整个工厂千疮百孔，大伤元气，不经过 5 年的修复不能达到现有规模，甚至影响明年张总送儿子到国外留学的计划，承诺儿子的奖励数额也会化为灰烬，还有对员工、政府的承诺均不能兑现。

广和消防器械公司在推广方案时坚持了三个原则：第一，痛苦是需求的前身，只有找到顾客的痛苦才能刺激他的需求，因为顾客是基于痛苦而不是基于需求做决定。第二，痛苦刺激要求足够大，才会激发购买者决策。第三，解决痛苦后，可获取哪些收益。

（2）金源工程公司方案是异地重建，对于锅炉厂来说，是有需求的，但不急迫，该方案是一套防患于未然的方案。火灾的发生原因与异地重建没有必然的联系。金源工程公司的销售经理也未能正确分析事故原因，未能策划出合适的方案激发张总对异地重建的重视，或者说未让他感受出若不异地重建将会是什么后果，将会付出什么代价，更没有引导张总对代价的认识。

还有一个典型的例子就是 2015 年 8 月 12 日位于天津滨海新区塘沽开发区的天津东疆保税港区瑞海国际物流有限公司所属危险品仓库发生的爆炸特大事故。同样是火灾事故，天津滨海新区塘沽开发区选择的解决方案就有别于本文案例的解决方案。

针对同样的需求，为什么有不同的解决方案？让我们再回到客户购买过程上来，客户购买动因都是因为客户有动机，但是客户有问题、动机未必就会购买，需要刺激才会产生购买念头，而且需要足够刺激，客户才会作出购买决策，这个过程也称"刺激—反应"模型（如图1-8所示）。

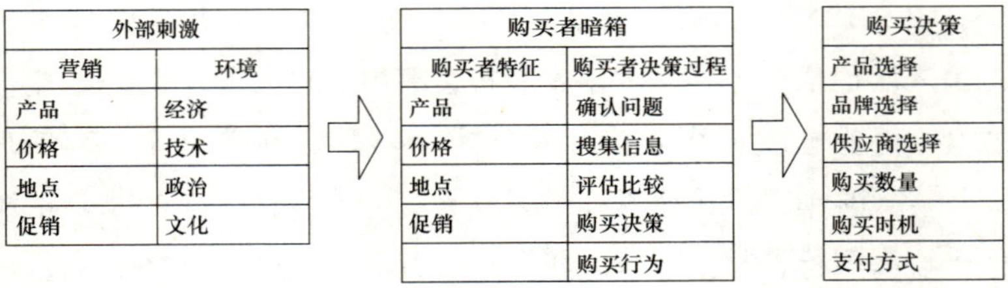

| 外部刺激 | | 购买者暗箱 | | 购买决策 |
|---|---|---|---|---|
| 营销 | 环境 | 购买者特征 | 购买者决策过程 | 产品选择 |
| 产品 | 经济 | 产品 | 确认问题 | 品牌选择 |
| 价格 | 技术 | 价格 | 搜集信息 | 供应商选择 |
| 地点 | 政治 | 地点 | 评估比较 | 购买数量 |
| 促销 | 文化 | 促销 | 购买决策 | 购买时机 |
| | | | 购买行为 | 支付方式 |

**图1-8  刺激—反应模型**

"刺激—反应"模型由行为心理学创始人约翰·沃森（John B. Watson）提出，指人类的复杂行为可以被分解为两部分：刺激、反应。人的行为是受刺激的反应，从营销者角度出发，各个企业的许多市场营销活动都可以被视作对购买者行为的刺激，如产品、价格、销售地点和场所、各种促销方式等，这些称为"市场营销刺激"，是企业有意安排、对购买者的外部环境刺激。除此之外，购买者还时时受其他方面的外部刺激，如经济的、技术的、政治的和文化的刺激等，所有刺激进入购买者的"暗箱"后，经过一系列心理活动，产生人们看得到的购买者反应：购买还是拒绝接受，或是表现出需要更多的信息。如购买者一旦决策，则会表现在购买者的购买选择上，包括产品的选择、厂牌选择、购物商店选择、购买时间选择和购买数量选择。

根据"刺激—反应"模型，对于销售人员，先不要找需求，而要先找刺激源。按"刺激—反应"模型的营销刺激、环境刺激列举的多种方法，引导顾客心理发生变化，形成购买决策。销售人员的任务就是弄清从营销刺激到最终购买决策过程之间客户的心理到底发生了什么。痛苦是指对现状不满意，需求是指他想得到的某些具体条件。客户的燃眉之急，有时也称为痛苦，痛苦是需求的核心。善于抓住痛点并帮助客户解决痛点，则这个项目离销售成功就不远了。针对刺激源，销售人员要评估：

（1）这个痛苦是不是需要解决？

（2）解决痛苦的顺序，先解决什么后解决什么，先买什么后买什么，客户往往敏感度不高，这个才是销售人员可发挥主观能动性的地方，同顾客一起建立感性思维，建立愿景，让顾客感觉到利益所在。

（3）找谁解决，是否倾向你来解决。客户对你的产品没有一种感性认识，不能明白你能带来的效果，则他不会购买你的产品。

（4）你解决得了吗？

（5）痛苦需要付出多大代价去解决？

有痛苦才有销售，问题和困难是销售的敲门砖。当销售员初步介入某项目时，要判断用户需求是否清晰，若清晰时，你改变需求是非常困难的，因为顾客的心理、决策已经建立起来，后续若去改变，需要投入大量人力和物力。

上述是关于"刺激—反应"模型的认识，要求销售员运用"刺激—反应"模型，放大刺激源，其核心是要求销售人员必须培养、引导客户的洞察能力。好比在一个漆黑的夜晚，销售员去划一根火柴，让客户自己对四周的变化去发现、去启发、去寻找差距。

如何找到刺激源，洞察力是基本条件，如何提高并引导客户洞察力，有两种方法：逆向思维和阅读。

洞察很微妙，思考问题的时候不要站在常人角度去思考，采用逆向思维。洞察还有一点很重要，就是大量阅读，培养自己逆向思维习惯。

如何刺激，扩大痛点，痛苦链是一把"好手"，或者说，痛苦链是放大刺激源的工具。

用好痛苦链有以下步骤：

（1）找一个痛点。

（2）找角色链，把痛点相关的角色联系起来。

（3）整理、描述痛苦链。

（4）使痛苦级数增长。

## 五、逻辑引导

行动销售中主要步骤有：

（1）了解概念，定位需求并整理确认。

（2）呈现优势。

（3）获取承诺。

上述步骤贯穿销售整个过程，本部分初步讲解销售员怎样定位需求、引导、关联、验证、修正。先看看医生开处方的场景：

一名患者去医院看病，坐在医生面前，医生问他："请问哪里不舒服？"

患者："肚子不舒服，特别是今天早晨一直蹲在洗手间。"

医生按了按患者的肚子："昨天吃什么啦？吃海鲜了吗？对食物过敏吗？家族有遗传吗？以前有过这样的情况吗？痛多久啦？"

患者："昨天和几个朋友出去喝了点酒，喝得不多，吃了点儿海鲜。"

医生："你是不是有刺痛的感觉？偶尔会不会阵痛？原来医院诊断过吗？有浅表性胃炎吗……"医生短暂停顿，让患者回顾，医生问清事实原因后，才进一步诊断。

患者："有刺痛感，来医院来得很少，这次是忍不住才来的。"

医生："你这是原来有浅表性胃炎，刺激胃黏膜所致。当前有奥美拉唑肠溶胶囊片、兰索肠溶片，你愿意拿哪种？"说着简单介绍了胃炎平时生活需要注意的地方。

患者选择后，医生开出了处方单，医生再强调一下，"这是三天的药，三天过后再来医院复查，有好转就再服用一周，没有好转就进行修正。明白了吗？"患者答应后，离开了门诊室。

上述是专业医生诊断过程，销售员可以从中借鉴的思路如下：

第一是了解客户概念，定位客户需求。医生给患者看病前，先要了解事实，了解过程，然后提一些确认性问题、信息类问题，将事实进行专业分析，找到问题定位，弄清根源。从问题挖掘与选型开始，按逻辑顺序引导，不要先入为主，强推销，要维护客户的选择权。

作为销售人员，更是一个熟悉客户业务的人，始终走在客户前面，了解、熟悉并真正满足客户需求，能适应市场，迎合客户，以市场消费者为中心，对市场有清晰的认识与判断，通过不间断地调整自我，适应市场需求，不断进化传承，紧随这个行业的发展步伐。只有走在前面，才会知道客户的可能性需求。

第二是评估。针对客户需求进行评估，哪些是可以实现的，哪些是不能实现的，哪些是可以承诺的，哪些是不能承诺的，谁来承诺较合适。针对客户需求，有哪些相互替代的可实施方案和可行性方法，判断方案的可行性、适合性，根据调查研究所掌握的资料，结合自己的优势进行全面分析和仔细考虑。多方案比较、分析，选择最优方案。对最优方案进行论证，制定出引导策略、关联策略、验证策略，并保持灵活性，以便保持可修正的空间。

第三是引导。引导客户，通过教育客户对产品从认知、认识、认可到购买，引导客户走在行业的前沿。引导的时机，一般是在充分理解客户需求基础上，并对这些需求进行确认，然后采用选择性的、范围类的控制提问，让客户选择。选择性的、范围类的控制提问就是在让用户向自己拥有的方面思考，缩小范围，通过限制性选项来确认，将提供的可能性选项列举出来。通过类似历史案例，找到相似的"影子"，过去遇到这些问题是如何解决的，经历了哪些角色和人员，活动投入了哪些资源，取得了哪些成果。

第四是关联。针对顾客不同需求，把公司产品、服务对接起来。如何关联，先找到客户存在的痛苦和问题，然后寻找解决这些痛苦和问题的措施、办法。去寻找措施、办法中，哪些存在于我们公司、我们产品、我们服务之中，哪些存在于销售员可以协调的资源之中，若存在，则呈现出来，整个过程称为"连接"。当然，医生让患者做出选择，选择的药物一定是医院药房当前有的，他不会介绍医院当前没有的药品。

第五是验证。验证对象是你引导的，连接的对象要真实、客观。你说的事、做的事，要被证明，否则客户凭什么相信你、配合你。具体包括向客户说的每一句话，每一个承诺，每一个事物，要向客户展现，以表示你是否有信用，是否讲诚信，是否靠谱。验证方式多种，验证产品功能、性能、业务流程、适用性而进行系统演示与试用；验证公司的规模、财务水平、研发能力、管理能力而邀请客户到公司考察；验证公司项目实施能力、售后服务能力、声誉、口碑而向客户展示案例清单、口碑调查表、合同列表、市场占有率等。

第六是修正。为了把握对方的精准需求，以最小成本、最快时间取得最大价值，就要不断修正自己的策略。万物是发展、变化的，这套策略用在这个客户上可能是正确的，但用到那个客户上可能有差异，同一客户在不同阶段有不同需求，要求销售人员不断修正战略与战术，实现最终的"图像"。

上述每个过程销售人员均要学会确认。学会确认是一种成熟、稳重的表现，确认你的判断是否正确。确认时机包括：开场之前一定要先确认，首先要确认客户的概念；上次沟通后新出现的问题；在客户内部可能出现的组织结构的变化。

上述每个过程不可以颠倒，是前后递进关系。逻辑引导对销售中的每个流程、环节产生影响，从一次商务拜访到达成合作的整个生命周期，无不没有逻辑引导的存在。不断迭代"影子"成像，通过历史案例找到合作的"影子"，然后借助引导、关联、验证、修正，最终形成清晰的"图像"。

## 六、在拒绝中寻找出路

销售经理杨水源召集销售团队开例会，例会以一线销售为主，大家谈得最多的就是被客户拒绝，举了很多种类型，如：

（1）"对不起，我没空。"

"请问您是李科长吗？我是医疗信息公司的销售员，我们公司是做信息化软件的……""哦，我知道了，今天很忙，没时间，下次吧。"

（2）"我需要考虑一下。"

"你邮寄的材料我们是看过了，我们还得再考虑考虑，先放在这里吧。"

（3）"没钱！你们价格太高了。"

"有类似需要，去年院长还在会上说呢，医院现在打算买 CT 设备，信息化这块没钱。"

（4）"我们再看看其他公司的，看哪家更适合。"

"你们公司我听说过了，也去了解你们的案例了，我们还要看看其他几家公司，看完再做决定。就这样，好不好？"

（5）"已经有了，当前系统还不错。"

"哦，我们已经有了，现在用的系统还不错，没有要更换的打算。"

（6）"我说了不算，还得领导批准。"

"我了解，但你找我没用，我只是使用者，我说了不算，你要找领导才行。"

（7）"对于新项目，我比较谨慎，当前能应付就应付。"

"原来上系统有过不成功的经历，项目没实施成功，弄得大家都没有信心去做这件事情，手忙脚乱的，最后放弃了。"

（8）"资料先放在这里吧，或者发到邮箱也行。"

"资料先放在这里吧，我们有需要时再联系，好不好？"

作为一名销售员，有无数次被拒绝的情况，这些拒绝就像家常便饭，有些人面对它一筹莫展，怀疑自己不适合做销售，从而离开这个行业；有些人则在遭遇拒绝后逐渐成长，不断磨砺，成为一名成功的销售员，拥有令人羡慕的收入。

对于拒绝，要分析客户拒绝背后的原因，然后再给予解决。销售人员揣着钞票出门，拿着一叠发票回来，还"背着"客户的拒绝回来，这样的销售人员，公司老板是深恶痛绝的，也是认为是最没有价值的。

再重点说一下行动承诺。什么是行动承诺，行动承诺就是要让客户做什么。最终的行动承诺就是要求客户签单买你的产品或者服务。销售人员的根本任务是获得行动承诺！

行动承诺的特点：第一，行动承诺是具体的、聚焦在客户能干而且会干的基础上；第二，履行后的结果是可测量的，是能推进销售进程的。

行动承诺的意义：第一，让对方有所付出；第二，能判断销售所处阶段；第三，推进销售进程。

行动承诺运用时机：在每个拜访结束时，提出行动承诺。

行动承诺分为工作业务层面上的承诺和情感关系层面上的承诺。每次和客户交流结束时，一般建议两个动作：

（1）在工作业务层面。每次拜访结束时，都要和客户沟通下一步计划、安排，并且提出我们的要求，例如，安排和设计部门交流，请求提供设计文档，请求提供技术参数需求，安排到现场调研。这些都能有效推动项目进展的行动承诺，并且也能检验我们在对方心目中的定位。

（2）在情感关系层面。每次拜访结束时，都要和客户沟通下一步进程，即建立信任，一般要在情感层面进行邀请和暗示，议题往往从参观、交流、演示、吃饭、兴趣和爱好入手，无论如何，这些工作一定要做。

例如：

销售员：陶院长，刚才您也提到对医院项目的需求和想法，接下来，您看是不是安排做一个调研，把咱们现在的门诊做个分析，然后制定一个解决方案呢？

客户：调研和解决方案很有必要，迟早要做的。不过现在正是春季，感冒的人很多，各科室也很忙。这样吧，具体情况你再和设备科主任沟通沟通，你们也可以先设计一个方案我们先看看，要有针对性。

销售员：既然感冒的人很多，会导致门诊业务较忙。要不这样，我们先把门诊部门排除，组织住院部门、医技部门的相关人员，来一起讨论建设方案，您看可以吗？

客户：这样也行，你两周后等我通知，我先安排设备科发一个通知，看看大家哪一天较合适，你看这样行吗？

销售员：挺好的，那就这样，我过两周再向您确认，我这边也好回去准备准备。

## 七、踢开绊脚石

下面的例子是销售生活中常遇到的场景，让你计划的一切事情被秘书中断。她说行你不一定行，但她说你不行你一定不行！在销售路上，这样的绊脚石太多了。

销售员张峰计划拜访某部委陈主任，被主任办公室所在楼层的助理小祁拦住了。

助理：你好，请问你找谁？

销售员：您找陈主任。

助理：和主任预约了吗？

销售员：预约了！

助理：那我这里怎没有主任的会客安排？再说今天主任也不在，既然你预约了，你是预约在办公室见面吗？

销售员：你能帮我预约一下吗？

助理：请问你是哪家公司的？你是干什么的？

销售员：我是医疗信息化公司的，我姓张，来找主任谈业务上的事情。

助理：不行！不预约，或者预约未同意，不准进入办公室！

销售员：是的。

助理：要不你把资料放在这里吧，或者你下次和主任约好了再来。

像秘书这样的人员之所以不愿意给你机会，理由主要有以下几方面：

（1）你给她的形象是一位销售员，会影响大家的办公，而

38

且办公区域谢绝推销。

（2）她与你没有交集，不认识你，更不知道你的价值，不知道你带来什么有意义的事情，不知道你对她的工作、生活、情感会有什么帮助。

（3）对于领导未交代的事项，或者未经领导同意，她不会节外生枝，不知道领导的意图，没有领导的首肯，甚至不确定的事情，她不会和你纠缠。

（4）现场你的表现未能影响她给你一个机会。这个机会可能对于她来说是举手之劳，但你不自信的表现，就只能被拒之门外。

通过案例可看出，客户是否配合、支持你做某件事情，关键在于你怎样用输赢策略引导对方。在销售路上善于运用互惠互利原则，将会顺风顺水。如图 1-9 所示。

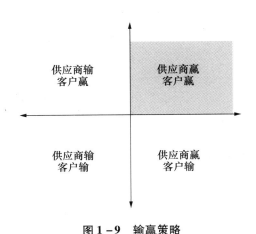

**图 1-9 输赢策略**

（1）供应商输—客户赢。如客户邀请你投标，邀请你递交方案，邀请你技术交流，你配合了，客户自己的事情交差了。客户不需要你的产品和服务，也不愿意和你联系了，你要找客户也找不到了。

又如给客户优惠、打折、免费，通常是不稳定、不长久的，长期下去会双方皆输。始终要让顾客知道你做出牺牲，而且要让他知道你提供免费午餐是有限的。

（2）供应商输—客户输。如供应商以低价中标，供应商后续经营收不抵支，致使亏本经营，项目实施不下去，最后项目烂尾。

又如违约，双方未按合同、协议落实，履行各自义务，权利得不到保障，未能保证双方利益。

（3）供应商赢—客户输。如供应商中标某项目后，售后服务质量根本不符合当初承诺，偷工减料，获取了高额利润，但客户获取的结果是低劣的，未能达到建设目标。

又如上面的例子，助理把你带到领导那里，等你从领导那里获取相关信息后，对方领导认为助理没把事办好，把助理狠狠批评了一顿。

再如，知道某人急需你的产品，你卖高价，不切实际地描述你公司的服务能力，诱导消费者相信你有能力解决后续任何问题；你可能给客户交付一套低于实际需求的产品，致使客户想方设法避开你或你的公司，让你丧失后续商机。

（4）供应商赢—客户赢（双赢）。双赢，也称风险共担矩阵。如你投入优质资源，确保项目按时按质完成，赚取合理利润，客户达到预期目的。

又如上面案例，主任助理把你带到领导那里，你给领导带去了一套好的建设方案，领导也把主任助理好好表扬了一顿，主任助理也找到了一个琢磨很久的答案。

而为了达到双赢，需要做到四点：第一，你的个人利益得到满足。第二，满足了客户利益。你真的想使客户能获利，你诚恳、热心地试着满足客户利益。第三，要让客户知道你满足了他们的需要。他知道你想使客户获利，客户知道你正在为满足客户切身利益而努力。第四，在复杂的销售中，每个人都有相同的收益是不可能的，但你的目标应该是提供每一个相关人员最高的获胜率和最低的受损率，能给客户减少损失也是双赢。

　　输赢策略始终伴随在你销售生活的左右，大到项目的成败，小到一次气氛的"润滑"。

# 第二章　敏捷销售

当前国内产业结构、金融组织、社会环境面临调整。因为这些调整影响销售人员的生活，如产品的重新定义，营销传播途径的改变，供应链的重组，决策思维的革新等。

技术革命。中国经过了从 PC 互联网开始发展到移动互联网，最终到物联网的整个进化过程，PC 互联网解决了信息对称，移动互联网解决了效率对接，未来的物联网需要解决万物互联、数据自由共享与价值按需分配。基于移动互联网技术的应用，从世界到中国发生了翻天覆地的变化，移动互联网、物联网、云计算，代表着全新的产业和生活方向，是一场链接一切、改变一切的技术革命。互联网无所不在，覆盖 PC、TV、手机、IPAD、汽车等设备。互联网技术产生了互联网广告，互联网广告不同于传统广告，互联网广告有很高的针对性，而且互联网广告是可以衡量的，可以通过点击、购买、付费等方式开展服务，互联网可以取得裂变式效率。互联网发展正面临几个趋势：一是互联网正步入电子商务时代；二是移动互联网正成为热点；三是互联网营销改变了市场营销格局；四是关注客户体验。

产业革命。"互联网＋"本质就是搭建一个底层建筑，使上面的每一个人都可以迅速找到目标。产业革命的结果是在商业模式上再也没有线上线下之分，在 PC 互联网时代，这种分别是存在的。但在未来，没有任何一个人会再说自己是互联网人或是传统人，因为移动互联网把 PC 互联网和传统商业之间的鸿沟抹平了。现在一个销售不懂线下不行，不懂线上不行，不懂工具不行，不懂载体也不行。产业革命加快了经济的发展，改变了经济的连接方式。不同产业有不同的特点，包含其中的销售活动不再是一个完全可以分割的阶段，它已被嵌入具体业务活动中。

金融革命。第一次金融革命使得融资成为可能，人们可以借贷，可以收取利息；第二次金融革命使得金融产品开始丰富，基金、债权、股权成为主流金融产品；第三次金融革命使得靠信息不对称获取利润的金融产品难以维系，互联网使得信息瞬息万变，大数据告诉人们信息背后的规律。现在电子钱包、在线支付、移动支付、余额宝、活期宝、百发、阿里小贷、手机银行、支付宝钱包、微信支付、平台贷、互联网当铺、众筹、P2P 网贷等应运而生，直接促进了社会经济发展。客户、消费者鼠标轻轻一点就完成一次采购决策，完成一次交易支付，收尾一次交易，采购决策过程没有变化，但决策效率、决策方式、速度、交易环境已发生变化，这使得销售活动必须调整步伐，并到与之匹配的环节中去。

所以，因为技术革命、产业革命和金融革命，当前销售时代有别于工业化大规模销售时代，具有数字化营销特点，出现了"多品种、小批量、快速翻新"模式。当前供应、生产、销售、消费社会化大生产发生了变化，销售的思维方式、决策效率、组织方式和供应方式将发生变化，让营销更精准，更有效。

在当前形势下，产品的定义发生了深刻变化，出现了"效果即产品"、"下一步交付即产品"等定义。中国商业角逐的核心先后经历了地段、流量、粉丝三个阶段，传统行业经营的地段，传统互联网经营的就是流量，自媒体经营的是粉丝。正因为商业角逐的核心发生变化，产品体系包括销量产品、流量产品、增量产品。不同体系产品，角色划分不同，功能定义不同，产生价值也不同。

在当前形势下，营销传播路径已经发生改变，比如传统品牌的建立，需要创立知名度、美誉度、忠诚度，原来的用户被动接受这种广播式的输入。媒体先后经历了传统媒体、新媒体、自媒体、信息流过程，媒体正在由集中走向发散，由统一走向制衡，自媒体的兴起将产生两大结果，第一，激起了很多人的创作热情，文字作为人的一种基本属性终于被找回，感性的一面被激发，可以滋润这个越来越机械化的世界；第二，话语权开始裂变，普通民众迫切要求参与公共事务决策权，而未来人人都是一个自媒体，信息流的产生让媒体消亡。今天，用户有传播的动能，用户认同你的产品、服务，忠诚于你的产品，则会有美誉度；有量的积累，能形成知名度，中间环节可以不用任何广告，完全靠人的传播。口碑即品牌，分享即营销，服务即销售。今天的营销市场注重商品品质，注重用户体验，注重环境和售后服务，注重商品的快速迭代，给客户超预期的服务、体验和价值，极大提高顾客的品牌忠诚度和满意度。

在当前形势下，以客户为中心的观点发生变化，出现了以用户为中心的观点。移动互联网的最大特征是以人为基础，形成与移动互联网有更多的关联和连接。互联网思维的核心是口碑为王，口碑的本质是用户思维，就是让用户有参与感。用户价值改变了也提升了，用户拥有自主权、主动权、话语权，可以和你互动，可以决定你的生死。在移动互联世界，每一个用户关系都是互联的，把用户变成真正能互动的客户，用户是可以激发出来的，用户像每个"基站"一样，一旦被打动，可以去传播、去转发。

在当前形势下，特别是市场规模发生了变化。据工业和信息化部统计，截至 2013 年 3 月底，我国移动互联网的用户总数已经达到 8.17 亿。普华永道发布的《2012～2016 年全球娱乐及媒体行业展望》报告称，移动互联网接入用户的数量在未来五年内增长超过一倍，于 2016 年达到 29 亿，其中 10 亿来自中国。如此庞大的用户群体和网络必将引起社会模式的改变。过去，从来没有这么多人直接或者间接联系在一起，地区、人种、宗教、种族、国家在变小，大量用户蜂拥而至，市场规模巨大，催生新的产业，产生行业垂直移动。平板电脑、智能手机呈现爆炸式增长，穿戴式智能设备也开始进入我们的生活，网速的提高带来巨大商机，云存储移动互联更加可靠，让商务交易更加安全可靠。

在发生技术革命、产业革命、金融革命之前，原来人与人建立信任的方式是管状的，是一种线性关系。发生革命之后，人与人建立信任的方式可采用网状的，是一种离散型关系，改变并丰富了创造价值、传递价值的方式和途径。原来是一对一的关系，现在发展成了多对多的关系，而且还可以垂直、有效地深入和发展。正因为人与人建立信任方式的变化，销售中有关线索管理、价值呈现、获取承诺、销售决策也带来新的特点。

# 第一节　敏捷销售

## （一）瀑布模型

瀑布模型是一个经典的销售项目生命周期模型，传统的项目型销售通用这种模型。由于行业不同、管理要求不同，甚至同一公司不同发展阶段，对项目生命周期的划分也不尽相同。过去操盘一个销售项目，一般会采用瀑布模型，依次过程是：建立信任、发掘需求、评估比较、价值呈现、谈判成交。如图 2 - 1 所示。

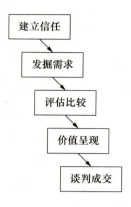

图 2-1　瀑布模型

瀑布模型有如下特点：

（1）接受上一项销售活动成果（承诺）作为输入。

（2）利用这一输入，实施该项活动应完成的工作内容。

（3）给出该项活动的工作成果，作为输出传给下一项活动。

（4）评估确认对该活动的实施。成果得到客户与供应商双方共同确认，则共同进行下一项活动，否则返回前一项，甚至更前项的活动。

（5）一般为单一的、较大金额、较长周期操作形成一个生命周期，一个项目对应完成一次成交周期。

（6）每个活动必须遵守相关法律与规范，只有活动中各事务的组织、顺序可根据项目类型、性质等特征做一些微调。

瀑布模型是一个线型模型，优缺点明显。其优点是强调项目的阶段性、计划性，有利于项目管理；瀑布模型通过制定严密的可行性分析、深入的市场分析与调研、专业的设计、完整的生产计划、有序的营销战略，将项目产品推向市场；特别是一些大公司经历市场锤炼，已形成完整的产品管理和开发流程以及相匹配的管理标准。

瀑布模型也有明显缺点：瀑布模型假设同客户一起按线性序列完成后能进入下一步，若该步骤决策判断失误，后续流程均会失败，或者需要花费极大代价重新开始，不具有演化特征。用户对自己的需求不可知是很常见的，那么后续步骤如评估比较、价值呈现、谈判成交均会有"差之毫厘，谬以千里"的可能。

瀑布模型依赖早期进行的需求调研，由于是单一流程，销售中的经验教训不能反馈并应用于本销售业务过程，要求供应商必须达到项目规模级别要求；风险往往迟至后期阶段才显露出来，如有些供应商开始投入商务资源到最后项目有可能与你没有关系，从而失去及早纠正的机会；需求有时发生变化，使得需求变更，导致项目延期完成，超出预算，不能达成双赢。

特别是互联网、大数据、云计算等技术的出现，信息量大，获取容易，商机稍纵即逝。因为变化加快了市场不可确定性，无法预测新产品的消费者对产品的最终认知，不知道每一个差异化特征和逻辑流程，若继续按瀑布模型设计指导行为，会出现行为与信息不对称、不及时及资源流失。如销售人员不知道顾客完整需求、潜在需求，结构化数据与非结构化数据并存，客户也不知道将来需求，有时不知道顾客在什么地方，不知道顾客有什么变化，等等。

（二）螺旋模型

螺旋模型是销售项目生命周期演化模型，将迭代特征与瀑布模型中控制论和系统化结合起来，使得项目在持续信任基础上让快速迭代成为可能。在螺旋模型中，项目的完成是一系列增量交付，满足客户动态需求变化过程。在早期的迭代中，交付的增量可能是一个很小的项目或者服务，在以后的迭代中，被交付的对象可能更加完善。螺旋模型的整个生命周期如图 2-2 所示。

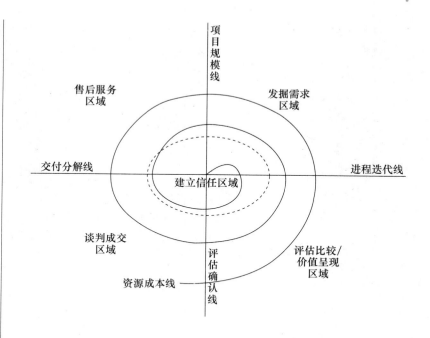

图 2-2 螺旋模型

交付物是一种可度量、可验证的工作产物，具有以下属性：销售对象、卖给客户的数量、卖多少钱、准备什么时候成交、成本、批次，等等。交付分解线的提出是由于交付物可以对应于进程管理，可以划分为不同阶段，是确保对项目的控制、获得项目目标要求的产品或者服务连续过程的一部分。交付物交付时一般以完成结果进行评估确认为标志，以决定是否被接受，是否还要做额外工作或结束这个阶段。

评估确认线是在"重角色，轻主体"营销环境下提出的。虽然不知道客户在哪里，但知道使用者在哪里，该使用者可能是客户，也可能是用户，知道谁在使用我们的产品和服务，这些角色有一个重要特点——评估权。针对评估权，可以细化出评估标准、交付要求、建议、选择、传播等，比如对客户负责，以客户为中心；对用户负责，以用户为中心；投资商负责，以投资商为中心；等等。

进程迭代线是由于受约束条件（如经济、技术、资源、财务、法律、规范等）的限制，有一个特点是每一次过程的活动是在接近所需目标或结果基础上的再一次迂回，最终找到一条覆盖全部评估确认对象的通路，每一次迭代均是一次行动计划的执行。

项目规模线随着进程不断迭代，规模与时间因素是叠加、分解的关系，按叠加方式可以将项目由小变大，按分解方式可以将一个项目分解成分批建设，然后随着生命周期的延长由小变大进行。

资源成本线按照进程的迭代，资源的投入，时间（工时）的累计，形成累计成本线。

螺旋模型沿着项目规模线进行若干次迭代，每次迭代都包括建立信任、发掘需求、评估比较、价值呈现、谈判成交。螺旋模型使项目风险能有较好控制，让销售人员、客户有信心把控。与传统销售过程的复杂性相比，螺旋模型可以将项目分期，形成不同的迭代次数，这样缩短了项目周期，减少了商务费用，缩小了利益相关部门和相关人员，客户对象为单层次，只是相关联部门不像瀑布模型还涉及多层次主管及各购买影响者。螺旋模型的交付线进行若干次迭代，可以根据重要性、紧迫程度、难易程度、先后顺序等变量组织。因此，特别适用于复杂并有高风险的项目。

瀑布模型与螺旋模型相比，类似下图中树与韭菜的比较。树经过播种、浇水、施肥，需要经过一天又一天，一年又一年，方可成为栋梁之材，特点是一次性、递进性。韭菜却不同，只要保持浇水、施肥，天天割日日有，源源不绝，特点是具有重复性、迭代性。同样是植物的成长与丰收，其生长周期、收割次数、资源投入、维护要求、体型大小均不同。

**图 2 - 3　树成长周期图**

**图 2 - 4　韭菜成长周期图**

与瀑布模型相比，螺旋模型支持用户需求、项目建设范围不能确定的情况下，为关键决策提供方便，有助于支持动态变化，在项目规模与项目资源不对称情况下，为销售人员把控项目的所有关键决策提供方便，有助于分解项目规模层次所要求的项目风险，提高把控能力，为客户提供便利。在使用螺旋模型操作时，需要销售人员具有相当丰富的经验和专门知识，另外，过多的迭代次数会增加交易成本，延迟交付时间。

螺旋模型与瀑布模型的关系。螺旋模型迭代次数不需要分解，或者不需要多次循环，只要一次过程，这与瀑布模型是一致的。

螺旋模型的特点：

（1）让客户更主动参与销售，强调沟通与互动，强调共同经营。

（2）通过一种迭代的构造方法，多次迭代分期增加交付。

（3）让用户能尽早看到项目效果，让客户能参与供应商整个供应链过程。

（4）可复用已有的销售过程与程序，节省不断投入的调研、设计成本与时间，并不断确认采购决策体系。

### （三）敏捷销售

1. "敏捷"概念的提出

2001年2月11～13日，在美国犹他州瓦萨奇山雪鸟滑雪胜地，Kent Beck等17人聚到一起，他们是来自极限编程、Scrum、DSDM、自适应软件开发、水晶系列、特征驱动开发、实效编程的代表们，还包括希望找到文档驱动、重型软件开发过程的替代品的一些推动者。由全体参会者签署的《敏捷软件开发宣言》（Manifesto for Agile Software Development）成为重要标志，他们称自己为"敏捷联盟"。《敏捷软件开发宣言》正式宣布四个核心价值和十二条原则。

敏捷宣言强调的四个核心价值是：

（1）个人和互动高于过程和工具。

（2）可工作的软件胜过大量的文档。

（3）客户合作胜过合同谈判。

（4）响应变化胜过遵循计划。

敏捷宣言强调的十二条原则包括：

（1）通过增量和连续型的高价值的交付满足客户，让客户满意。

（2）欢迎改变需求，即使是在项目后期，利用变化来为客户创造竞争优势。参考者认为唯一不变的是变化，因为变化意味着我们更了解市场需求。

（3）经常性交付，交付间隔越短越好。

（4）在项目期间，项目团队和业务人员一起工作，通过频繁交互，可以在早期及时发现并解决问题。

（5）提供环境和支持，相信能够完成任务。强调"人"的因素，需要调动每个人的积极性，以人为中心构建项目，提供所需要的环境、支持与信任。

（6）通过面对面的沟通，是最富有效率的传递消息方法。

（7）衡量工作进度的度量标准，是对用户说的。

（8）敏捷过程是可持续的过程与速度，责任人、开发者、用户应该能够保持一个长期、恒定的速度。

（9）不断关注优秀的技能和好的设计。

（10）简单。把注意力放在如何通过最简单方法完成需要解决的问题。

（11）最好的构架、需求，设计出自组织团队。

（12）每隔一定时间要反省如何才能更有效工作，相应地对自己的行为进行调整。

2. 敏捷销售

敏捷销售是一种以人为本、快速迭代、循序渐进，采用螺旋模型的销售方法。以人为中心，表示敏捷销售必须遵守"信任第一性，项目第二性"原则，快速迭代、循序渐进，表示项目的构建被切分为多个周期和多次交付，各个子项目成果分批次评估与分析，具备项目规模叠加、项目分期、分次交付特征，各个子项目成果均经过评估确认。在敏捷方法中，从销售人员角度看，主要包括以合作为重、客户直接参与、适应性计划调整、联合经营、管控风险等。

与瀑布模型相比，敏捷销售的周期可能更短。敏捷销售强调的是尽可能小的可达成的交付物在后续项目中得到持续改善和增强，并且强调双方合作。敏捷销售适用于以下场合：

（1）合作规模可以"塑小"（不是"缩小"）的项目，或者具有分解性质的项目，如项目分期、规模分解、人员分群等类型项目。"塑小"可能是因为信用力度不够、需求认知不全面、周期较长等因素。

（2）以不断迭代方式建立、测试和寻找消费者认知的核心价值，从而实现行业突破性创新，从"未知"到"已知"、从"不确定"到"确定"的转变。不断改善性测试，不停反馈循环，提供增量型产品、流量型产品，以应对瞬息万变的市场。

（3）强调沟通与互动，强调共同合作经营，强调信任与认同。凭借新技术支持的远程会议、远程办公、移动办公、云销售，实现实时沟通，共同设计与经营等协同办公模式。

（4）决策模式扁平化。快速响应组织与现场管理，决策者能够准确了解一线市场并快速作出决策，允许试错、平等、开放、去中心化。

（5）适当重塑重构采购与销售策略。大数据、物联网、移动互联网新技术的出现，能提供市场变化信息、客户活动规律与周期，让销售决策及时调整与重塑成为可能，调整迭代次数（项目整合与分期、分批次等），调整交付线（交付方式、交付对象等），调整客户评估确认线（审批决策链、采购角色、相关部门等），调整项目规模线（项目功能、成本、质量等），还有调整销售路径与步骤，等等。

敏捷销售彼此依赖、相互关联，通过行为贯穿于整个项目生命周期。近年来，敏捷方法虽然已经付诸销售实践，但在实施过程中也暴露出些许问题，一些敏捷方法的基本原则很难实施，主要体现为以下几方面：

（1）客户的参与往往依赖于客户的参与意愿和客户自身的代表性。

（2）团队成员的可能不是集中投入，可能无法做到与其他成员的良好沟通。购买影响者所要求的多个角色时常集中于一个专人身上，出现一人身兼多职现象，监管约束力度不够。

（3）由于快速迭代，迫于时间的压力，可能出现不规范环节，甚至让人产生被欺骗的感觉。

# 第二节　进程迭代线

## 一、路径策略

自从瑞典数学家欧拉（Leornhard Euler）解决了柯尼斯堡问题，图论就诞生了。柯尼斯堡（今俄罗斯加里宁格勒）是东普鲁士首都，普莱格尔河横贯其中，当时这条河上建有七座桥，将河中间的两个岛和河岸联结起来。人们提出：能不能每座桥都只走一遍，又回到原来的位置。欧拉把这个问题简化，他把两座小岛和河的两岸分别看作四个点，而把七座桥看作这四个点之间的连线。经过进一步分析，欧拉得出结论——不可能每座桥都走一遍，最后回到原来的位置。

在现代生活中，图论被广泛应用，也促进了其自身发展。图论在销售中的应用可将复杂问题简单化、形象化，能找到更多解决问题的办法，下面的案例就是通过图论来分析项目的成交过程。

销售员张峰向经理杨水源咨询销售项目成交步骤。

张峰：请教杨经理，从一个空白市场区域到一个单子平稳落地，一般要经过多少周期，这个周期要经历哪些步骤？

杨水源：信息化项目，从有客户、有想法到项目签合同，一般需要6个月到1年，中间环节还不能耽搁，如医院内部批准，再到卫计委审批，然后到市委市政府批准，稍有停顿，这个周期就会拉长。

　　杨水源：一个项目从开始调研到出单成效，需要经历的步骤有：建立信任、寻找商机、需求调研、促成立项、引导指标、价值呈现、解除顾虑、赢得承诺、售后服务、验收回款、项目转介绍等环节，其中信任的建立与维护贯穿整个过程。

　　杨水源：对于上述过程，作为销售员，先要了解客户的需求，然后再做好跟踪，配合跟踪好客户，解除好顾虑，最后签订合同。整个过程细节和要点，要以客户为中心，走活走好各步骤。为了落实这个项目，销售人员在外不断拜访客户，与客户一起调研需求和设计方案，将项目推向前进。

　　上述步骤可用图 2 – 5 来呈现。

　　假设定义节点 $V_4$ 为签订项目合同，则到达节点 $V_4$ 就有不同的路径，如 $V_0V_1V_2V_3V_4$、$V_0V_1V_6V_7V_4$、$V_0V_5V_4$，甚至更多。图是枯燥的，但图可以说明背后的逻辑，排除销售中受自身情绪、外围环境的困扰，找到一条清晰的解决方法与步骤，并时刻纠正行动偏离。

　　如何运用图 2 – 5 解释销售现象？

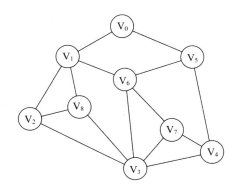

**图 2 – 5　成交步骤**

图中各节点可以按不同角度去理解，如角色、流程、交付物等业务活动对象。详见图2-6。

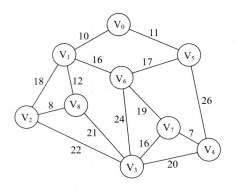

**图2-6　业务活动链**

假若按角色的角度去理解，最常见的是公司内部的审批决策链，如公司内部要买一台设备，则同意买这台设备的相关人员就是图中的相关节点，如 $V_0$ 表示张三提申请，$V_1$ 表示李四部门同意，$V_2$ 表示王五是财务审核，$V_3$ 表示赵六提出采购意见，$V_4$ 表示钱七最后批准。

假若按流程角度去理解，如公司内部要买一台设备，公司采购方式是以招标形式还是直接签订合同形式。如采用签订合同形式，是否要按识别需求、选型标准、评估比较、消除顾虑、成交等活动来组织，这些活动就是图中的相关节点。如 $V_0V_1$ 表示张三负责搜集整理设备需求，需要10天；$V_1V_2$ 表示李四作为部门负责人，召集部门相关人员开会审议、修改、同意，再向上级部门申请，需要18天；$V_2V_3$ 表示王五是财务审核，包括采购的预算资金准备与核算、效益分析、经济可行性审核；还有采购审核，包括技术可行性分析、各供应商比较，需要23天，$V_4$ 表示钱七最后商务谈判、成交，需要20天。

时机在销售中非常重要，可观察图中各路径上标注的数字（有时也称"权值"），在不同时机做好相应的事情。还是以 $V_0V_1V_2V_3V_4$ 这条路径为例，先是 $V_0V_1$ 搜集需求的 10 天时间，在该阶段或者在这 10 天里，就不要去做 $V_2V_3$ 采购审核的事情，因为需求都没有出来，如何知道要买什么，还花 23 天时间去做这件事情，有意义吗？

假若按交付物角度理解，如公司内部要买一批设备，公司采购方式是以整体打包方式还是分期建设，若以分期建设，则要拟定每批的品种、类别、实施部门、人员及各批次的先后顺序，这些采购先后顺序就是图中的相关节点。如现在建设方要购买一台大型设备，再上信息化管理系统，购买设备的相关影响部门有 $V_0$、$V_1$、$V_2$、$V_3$、$V_4$。信息化系统的相关影响部门有 $V_0$、$V_5$、$V_6$、$V_7$、$V_4$。

如何将业务活动转化为图中的节点？

假设图 2-7 中的节点 $V_4$ 为签订项目合同，设备科要采购一台小型设备，医院门诊部提出需求后，要经过设备科、财务科分别把控好技术参数、资金来源，递交分管副院长审批，然后交给院长决定是否采购。可用图2-5来表示上述业务活动。

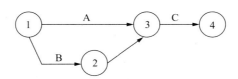

图 2-7　业务活动链

图 2-7 中，A 表示设备科搜集、整理、分析设备的技术参数活动，B 表示财务科盘点医院的资金是否有保障，C 表示副院长审批通过后递交院长。

生成图中节点后，需要对各节点进行分类，形成不同的销售

57

出单路径。假若从角色角度分析，则可形成不同的采购角色，如技术角色、决策角色、使用角色等。假若从流程角度分析，则可形成不同的采购流程，如识别需求、信息收集、评估比较、购买决策等。采购组织形式还可按批次迭代，如第一批实施哪些系统，完成哪些功能，有什么服务，第二批实施哪些系统，完成哪些服务。

以图2-8为例，边集合 A 可以定义为建设方的业务系统使用角色，边集合 B 可以定义为建设方的经济决策者角色，边集合 C 可以定义为建设方的技术角色。

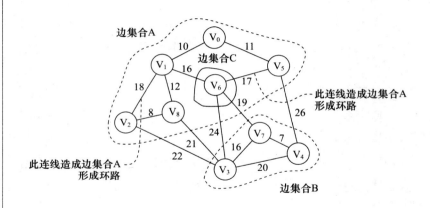

图2-8　路径策略

遍历每条路径和节点后，评估自己的定位，找出自己优势的节点区域，列举各种销售出单的路径和步骤，形成环路，构成不同的集合，盘点自己的资源，找对人，找对时机，做对事，找出适合自己并走得通的路径。反过来讲，找对一个人，做对一件事，有很多种方法，但适合自己特色的，自己有能力办好的，最节省时间和成本的，可能只有一种方法。

在运用路径策略过程中，如何选择路径是根据能量（也称为

"权值"）来决定的。但有一点需要强调的是：不要因为侥幸心理而未能做到关键路径的全覆盖，否则那个节点将是你的一枚地雷，如图 2 - 9 中的 $V_7$ 节点。

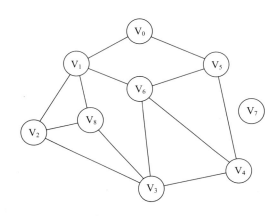

**图 2 - 9　路径节点**

　　路径节点策略要求，每个节点的信息必须具体，包括要素：所属角色、具体人员、实现目标、任务事项、完成时间、参与人员。

　　路径策略经过以下过程：

　　（1）对客户基本情况、经营业务的熟悉与了解。

　　（2）编制整个经营业务活动过程与步骤，将步骤转化（抽象）到具体节点。

　　（3）整体分析区域节点，分清并找出有信任基础的节点，有潜在信任基础的节点，有自己产品、服务优势的节点。

　　（4）选择自己的优势节点、有信任基础的节点，并能拉开与竞争对手距离的节点。

　　（5）建立信任、维护信任，扩大信任区域，将业务活动向前推进。

（6）找到一条覆盖全部购买影响者并通往客户影响采购决策者的路径。

上述整个过程运用图示法，其意义在于：能克服销售人员自身情绪（如压力、心情、信心）困扰，理性并尽量客观地反映业务活动流程及逻辑；全局性地、动态性地记录业务活动变化，实时跟踪各业务节点的状态；通过图示法的分析与加工，找到省时、省力、能及的销售方法与措施。

基于上述路径策略，下列观点不难理解：

从“找对人”角度来看，首先找出与自己有信任度的人作为始点，然后不断发展支持者，直到覆盖所有购买影响者。

从“做对事”角度看，首先找出自己的优势，先以简单容易的事情作为始点进行呈现和证明，与对方建立好感，然后解决较难处理的事情，解决好事物的抗拒点。

从交付物角度来看，首先拿出优势产品，扬长避短，与对方达成共识，认同产品，再逐渐实施相关产品。

在销售中，特别是需要经历的人或物，通过图示来简化分析，结合自己优势，灵活运用，少走“独木桥”，找出更多的解决路径。

## 二、寻找并发展依赖节点

通过螺旋模型（图2－2）可知，其区域分别是建立信任区域、发掘需求区域、评估比较区域、价值呈现区域、谈判成交区域、售后服务区域。同时，可以通过路径策略，利用图示法将经营业务活动抽象为分析的节点，并找出销售通道与步骤。

查遍各区域，寻找并发展依赖节点。依赖节点是信任度的一种约束，由信任度决定与其他节点的连接，这种连接是信任度各层次的总和。

为什么要寻找并发展依赖节点？是因为在生命周期、时序事件、"发起—响应"模式中均有可能发生中断。为了让生命周期、时序事件、"发起—响应"模式延续，需要寻找并发展依赖节点，搭桥修路。通过依赖节点践行路径策略，找到销售路径与步骤。

通过依赖节点找到项目突破点。每个项目都会有一个突破点，那就是撬动整个路径的支点，必须找到它，否则行动就失去了支撑。

寻找并发展依赖节点的步骤：

（1）按路径策略，画出整个业务流程图。

（2）标示图中各节点的依赖关系，并用有向图标示，存在依赖关系就用箭头表示。

（3）找出入库为0的节点，以此节点为起点，尝试寻找所有节点，若能历遍所有节点，则该节点为关键节点，否则寻找其他节点，看能否找到关键节点。

若找不到关键节点，或者通过其他方式，如分解、融合、转嫁等方式形成新的图形结构，逐一攻克。若找不到关键节点，或者需要投入大量资源或时间，则这次合作要考虑是否放弃了。如图 2 – 10 所示。

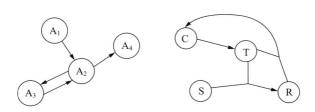

**图 2 – 10　关键节点**

左图是一个有向图，$A_1$ 为关键节点，$A_1$ 可通过 $A_2$ 遍历图中的所有节点，找到该节点 $A_1$，像这种星形模型在销售中其机会赢面就很大。

右图是一个无向图，T 节点与 R 节点方向关系不明确，S 节点与 T 节点方向关系不明确，这种合作显示你将花费很大的资源来盘整直到达成几个局部小图，如 SR 与 CT 组合、S 与 RTC 组合等，或者直接选择放弃。

### 三、重塑重构采购决策流程

重塑采购决策流程的本质是对走活销售出单路径与步骤的综合应用。销售过程中，直接进攻有时是很困难的，不妨采取迂回战术。下面是一个案例。

粤西市人民医院使用的信息化系统原来是广东一家公司的系统，该公司是国内通过原卫生部评审的仅有的五家公司之一。

医院现任姜院长刚刚就职，对医院信息化建设很重视，也想通过该项目建设提高医院效率。

田万是该区域的销售总监，通过第三方得知该院有信息化建设的想法，于是到该院拜访。接待田万的医院办公室何主任说："信息化由信息科、计算机室负责，这一块由梁院长负责。对于该事务，医院每月的最后一周的周五是公开接待日，你那个时候再来吧，现在梁院长也不在医院。"

田万按何主任的介绍来到计算机室找到龚科长，田万说明来意后，龚科长爱理不理。田万试探性问道："龚科长，医院信息化要建设成什么样子？有哪些建设模块？"龚科长说："我对信息化懂得不多，你回头给我一个方案。医院未来计划建设标准是能满足一家年收入营业额近 5 亿元的三甲医院，你们提供的系统较新，涉及医院的软件硬件集成系统，而且事件要组织好，让领导放心。这是新任院领导的要求，首先要安全，再是先进，全面。"田万说："龚科长，通过您的介绍，对医院信息化建设轮

62

廓清晰！不知还有国内哪些公司来过？当前计算机室主要需要做些什么事情？"龚科长说："有 3~4 家来接触过，期望建设的系统要达到全地区第一。当前阶段处在搜集资料整合方案期，需要做好需求分析，包括到各医院各科的调研。"龚科长也特别强调："院领导那边你就不用去了，等我给他们汇报吧，到时你等我答复。当前市政府、卫计委正是换届的关键期。"

田万回到公司后组织公司研发中心、实施工程中心人员，给大家介绍了一下医院情况，要求整理一份满足医院要求的建设方案出来，其方案要求满足三甲综合性医院，包括软件、硬件部分。一个星期后，方案出来了，联系好公司吴总工程师前往支持。

当天，吴总工程师与医院龚科长进行技术交流，沟通得很深入，对建设方案、建设内容、建设要求、预算、案例的相似度均很满意。会后，田万向龚科长要行动承诺："龚科长，今天吴总工程师是专程抽时间过来的。现在方案也出来了，您看什么时候我们做个全范围的调研？"龚科长："调研可能不需要了，院领导班子是新组织成立的，他们对信息化建设也不是很懂，真要推进的话，能出去考察最好，便于设计信息化投资预算，建设内容，实施方案。你们回去准备，我到时安排考察你们公司及案例，时间可能会在一周后。"

一个星期后，粤西市人民医院考察团来深圳考察，考察团由姜院长带队，梁院长陪同，医务科科长、财务科科长、设备科长、药剂科长、护理部主任、医保科长、信息科长及 4 名工程师共 13 人参加。

考察团认为公司是一家上市公司，本区域的案例也非常多，系统架构也先进，可以排除医院现有系统无人维护的顾虑。

公司后期在医院做了两次全范围调研，包括医务科、药剂科、住院部、门诊部、医技等业务职能部门。通过调研记录并结合公司领导的意见，系统建设方案经过重新修订，添加了评分标准，然后递交院方。

院方收到建设方案后，通过院委会的评审，直接上报请示市卫计委。卫计委一周后就给出了批复："同意建设！确保按质按时完成。建设经费医院自筹。"卫计委主任专门来医院和姜院长谈了医院信息化的事情，说，"领导也很关心，要求把这件事情办好。我们卫计委全力支持信息化建设。"

一个月后，医院接到粤西市信息中心电话，要求医院院长和负责信息化的人员去一趟信息中心。姜院长和龚科长来到信息中心后，粤西市政府办公室肖主任接待了他们，说："你们关于医院信息化建设的请示，我们已收到了。对于信息化，我们不懂，也提不出意见。现在委托市信息中心把好技术关，不知姜院长有什么意见？"姜院长听到这话，心惊了一下，立即表态："我不懂信息化，一切依据市信息中心专家组的意见。这里有医院的龚科长，由他代表医院配合执行整个项目的建设。"

两周后，医院收到市信息中心给出的指导方案，项目总体预算没有变化，硬件部分变化不大，软件部分几乎面目全非，包括软件架构、数据库、开发工具、系统参数均修改了，评分标准也没有原来的痕迹了。

田万去拜访姜院长，姜院长拉着田万的手说，"这次合作可能没有机会了，上级的意见要执行，我们也没有办法。近期也较忙，还要到上海出差。"

田万将上述变化向公司领导汇报后，公司决定放弃该项目。

一个月后，中标单位是广沙一家电子公司，中标金额950万元。

通过该案例的回顾，该项目的操盘手在销售起步落后的情况下，通过重塑决策流程，改变一个节点，轻松翻盘。具体讲，操盘手添加了市信息中心这个部门（见图 2 – 11 的虚线流），改变了技术把关角色，由原来信息科扮演为市信息中心扮演，医院只是扮演需求提出者，由信息中心确认好技术参数和评分标准，后知会相关方，这样就节省了大量的成本和时间。

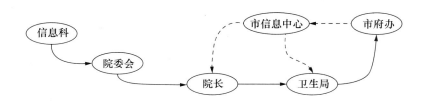

**图 2 – 11　采购过程的重塑**

　　重塑采购决策流程包括：重塑需求和建设内容；重塑涉及决策链角色上的单位与人；重塑采购方式和顺序；重塑销售采购时间进程；重塑采购供应商选择标准等。其策略核心是以优制劣。重塑采购决策流程的主要作用是让采购流程更加有利。另外还有一个原则，一般将决策链上移预算金额加大，决策链下移预算金额可进行分割。

　　重塑需求与建设内容。对于中间介入的供应商，重塑需求与建设内容要求与建设方的系统使用者、技术把关者、决策者共同调研，重新调研对方业务、存在的问题，这些问题造成哪些痛苦，谁会关心这些痛苦，这些痛苦是如何影响、发散的，落到了哪些人、部门、组织头上；这些痛苦会产生哪些需求。

　　重塑涉及决策链角色上的单位与个人。采购决策链上其角色、职能、分工是客观存在的，不以人的喜好厌恶为转移，而且各角色的反应模式来源于项目、个人态度。在决策链中由谁执行某角色，什么时候执行，谁来分配指定赋予角色的权限和工作内容，是有主观能动性的，是可影响的。对于同一个角色，可以通过变更角色方式，朝倾向于自己的方向调整和设计。

重塑采购方式和顺序。采购方式包括直接签订合同、竞价谈判、招标等方式。采购顺序一般是如何组织，如项目是分一期还是多期建设，先建设什么后建设什么，原则上根据建设方实际情况决定，不同级别的项目规模、项目范围、项目成本涉及决策链上不同层级的审批链，不同的满意度，建立信任的不同成本和途径，市场先机。

重塑销售采购时间进程。当评估取得优势时，采购进程要加速推进；当评估处于劣势时，则只能相机行事。整个过程包括：需求调研、项目可行性研究、立项、供应商选型与考察、确定采购技术标准、招投标、合同评审、协议合同签订。像这样的例子不胜枚举，如排定系统演示顺序，商务关系做得好的往往排在后面，做得较差的一般放在前面演示。

重塑采购供应商选择标准。供应商选择标准最常见的是供应商评分标准，评分标准包括商务、技术、价格几方面。商务包括公司注册资金、经营状况、资质、行业相关案例、信誉、行业经验等；技术包括系统技术规格参数、项目理解、安全性可靠性、售后服务、质量保证、培训等。重塑采购供应商选择标准包括拟定标准中评估项目、分数权值，定性数据量化；采用哪种评分方法，如综合评标法、最低价格法及各方法对应的公式。最为简单的是投标供应商选择与协调。

**四、踏准客户采购的节奏**

了解采购部门以往采购流程与周期，目的是踏准客户采购节奏。通常情况下，客户采购会经过确认问题、搜集信息、评估比较、购买决策、购买行为阶段。

确认问题。评估发展愿景、目标与现实环境的差距，或者从问题开始，由内在因素或者外在因素所激发从而转变为驱动力，进一步细化业务策略与发展方针，形成总体需求，确定所需要产品的总体特征和数量。只有问题足够大，才会产生需求。

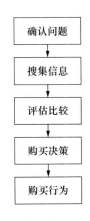

**图 2 - 12　采购流程**

搜集信息。针对需求，尽可能了解解决方案的信息，通过主动查找、搜索，或者第三方推荐、广告、展会等方式寻找供应商信息，搜集或者邀请供应商提供解决方案，包括供应商的基本信息、资质规模、实施能力等，预算报价、付款方式、建设内容等，完成信息的搜集、整理与分析，并在条件许可情况下到实地考察，尽量从多途径搜集各种方案和解决办法。

评估比较。主要是供应商选型，评估不同的解决方案，通过建立评估模型，排名比较各家供应商的方案和产品，确定最适合自己的采购指标。原则上评估模型是经过需求挖掘形成的，但往往蕴含客户内心倾向性的变化，是一种内在的表现，这一点尤为重要。

购买决策。是参与采购的角色决定选择哪家供应商的决策过程，也包括决策者的相互博弈与妥协、交换。消除顾虑，决定供应商后，通过谈判，确定所需数量、交货时间、付款方式、退货政策、售后服务等。由于客户信心不足，在决定之前难免犹豫，会对潜在风险再次评估。

购买行为。指的是设备进场使用或服务方案开始实施之后的阶段。在这个阶段，客户会评估自己此次购买选择是否正确，是否达到预期。销售人员要做的是管理客户的期望，帮助采购者在内部扩大影响以证明此次采购的正确性，从而确保此次合作成功；同时，需要着眼于新的合作，挖掘新的需求。

踏准客户采购的节奏，通过路径策略、分解策略、资源策

67

略，以客户为中心，弄清自己在客户中的定位，规划好成本预算与迭代次数，拟定好交付物，做好资源配置与储备，提高客户满意度。

实践证明，在导入敏捷模型中，要强调找对人，找对时机，做对事，少犯错。

找对人分以下层次：

第一层次，找出评估确认线分哪几种角色，各角色由谁负责、承办、落实。

该层次的复杂性在于：一个项目有多个角色对应，而且一个角色将会有多个人对应，往往找不到人，或者找错人。

第二层次，找对相关的项目池。完成从人到项目的过渡。

该层次的复杂性在于：一个人有多个交付物对应。找对人后，更要找准交付物。该层次意义在于，找对关键人后，建立信任关系，让销售业绩永葆生命力。

这种多层次的"多对多"关系需要科学地搜集信息，逐步缩小范围。如何搜集、在哪里搜集这些人员信息，数据是否全面、细致、科学，极为重要。

找对时机需要注意以下几点：

第一，分析客户采购流程，分析所处阶段。

列示客户组织架构图，列示客户采购结构，针对不同采购阶段采取不同的销售策略。

第二，与对方信任到什么程度，处在什么阶段，现阶段从事的事项是否与信任度匹配。

角色是否全部覆盖，了解扮演各角色人员的倾向。与客户进行接触的人必须确保考虑每一个购买影响者的想法，通过分解策略，以优制劣化解不利局势。

第三，需要判断客户采购阶段与销售推进的进程是否一致。

若不一致，则需要共建，与客户从头开始确认问题，销售人员自己发掘需求，重新建立需求与解决方案的连接，重塑愿景，重塑目标等。

第四，与客户携手并进，共同经营。

先找对人，再找对时机，就事半功倍了。了解对方需求，对对方利益负责。

# 第三节　交付分解线

## 一、分解策略

大家对成语"庖丁解牛"非常熟悉，如图2-13所示，将牛分成头、躯干、四肢几个部分，四肢进一步划分为前肢、后肢，前肢再进一步区分为左、右前肢。庖丁解牛，不管是奶牛、黄牛、水牛，均会分解成头、前肢（左前肢、右前肢）、后肢。

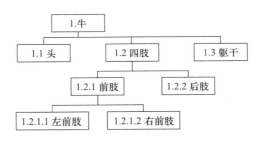

图2-13　牛的分解

某公司目标把内部的软件研发纳入管理，以便于规范化、流程化，通过分解策略对内部活动进行划分，如图2-14所示。

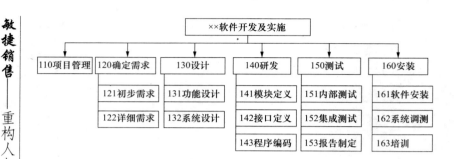

图 2-14 软件开发流程分解

通过分解策略可将交付物按客户组织架构设置来分解，例如，各部门分别使用整个系统中哪部分功能，分解直到对应专设的职能部门或者人员为止，将交付物分解成更小、更容易管理的单元，直到可交付物细分到足以区分各人员对交付物的反应态度为止。

交付物通常指销售对象、卖什么、卖多少钱、准备什么时候成交。卖给客户什么，首先要卖给客户的是产品或者方案。这里的产品和方案要描述得非常具体，不是简单地说一句就算完成，必须精确到方案里到底包含什么或者什么型号的设备，多少台，等等。其次是价格。这里的价格是估计价格，是根据计划卖的产品算出来的，还有待细化，包括曾经的交易额、现在和未来潜在的交易额、首付款，等等。最后是成交日期，至少要精确到月，最好精确到日。例如，计划向某人民医院销售 CT 设备 1 套，预计成交金额 1320 万元，预计签约日期 2015 年 10 月 25 日。

分解策略需要经过以下步骤：

（1）打算卖什么，引导客户需要什么。这个交付物是否和我有关，这次客户采购的是否和我们的产品和方案直接相关，或者说是否是我们擅长的，我们的产品是否满足客户需求。

（2）产品和服务具体给几个部门使用，解决什么问题，是要实现、解决或避免什么，需要什么功能，数量多少，其目标是否具体，涉及的是个人还是公司。

（3）客户是否有预算，其数额多少，其预算组成，如何投入，是按批次投入还是一次性投入，哪些会用到我们的产品，打算报价多少。

（4）成交时间是否具体，什么时候选定供应商，什么时候完成投标、签合同、实施、付款、验收，这些因素是否具体。

（5）分解交付物，重新组合形成有竞争的方案。

（6）将新方案付诸购买影响者，分清支持者、反对者、中立者。

根据客户各部门人员对系统的反应程度进行分类，然后找出支持者、中立者所使用的系统所在的模块（子系统），形成新的交付物组合。

拉入支持者，即加入自己关系较好的、支持自己的业务系统进来。

·除去反对者，即减去信任度还没有搞定的人或者部门。

由支持者、中立者（沉默者）组成新的购买影响决策者，形成新的客户评估确认线。

步骤（5）是对交付物（"物"）的分解，步骤（6）可以归类为对客户评估线（"人"）的分解。

上述分解策略是运用在交付物方面，分解策略还可应用在市场、价格、渠道、客户、营销等方面，挖掘自己的特色与优势。

一个成熟客户，不能期望一次采购解决所有问题。客户客观存在的需求是改变不了的，但可以通过建议先解决哪些问题，后解决哪些问题，重塑交付线，让一个小小的变化产生更多策略。交付线细微的调整（无论产品、价格、日期还是采购顺序）都可能对项目策略产生重大影响。

销售过程中，特别是处于不利定位时，销售人员通常可以采用以下措施重塑销售进程，形成新的进程迭代线。

（1）重构需求和愿景连接。

（2）重新建立方案、产品与需求的连接。

（3）直接加速或减缓进程。当有利时，缩短时间；当没利时，拉长时间。

分解策略观点，强调尽可能多搜集信息，之后科学分析，接受现实；然后分解，重现；最终找出符合客观现状、有价值的解决方案、产品和服务。

分解策略，可以解决由销售经验主导的弊端，销售人员喜欢用一个项目套用另一个项目，喜欢来了项目就上，崇尚经验论。没有分析与分解意识，凭感觉和经验行事。

## 二、呈现差异与优势

张峰是某通信集团有限公司销售经理。经过几个月的商务攻关，张峰取得技术负责人朱科长的信任。朱科长建议张峰做好公司总经理张总工作，只有取得张总的许可，这个项目才有胜算，并向张峰提供了张总的相关信息。

张总对于张峰不远千里多次前来拜访表示感谢，希望张峰多提建设性意见。来回几次，张峰提供许多建议，为项目建设贡献自己的心力。

所有这些竞争对手看在眼里、急在心里，也仰慕张峰所在公司是"中"字头的企业，有政府背景，经济、技术实力雄厚，看到这些差异，竞争对手自叹不如，难以找到一些比较强的优势。眼看快到年底了，要开始招标了，建设方要求供应商注册经营地址差异拉开距离的建议，要求供应商有本地化的售后服务能力，不少于30人的售后服务支持团队并提供近三个月的社保证明。提供这份建议的理由是：由于项目（一期）是外地供应商，售后服务不能及时响应，让公司系统不能完全稳定的运行。

对于张峰这是致命一击，到年底了，去哪儿以这么快的速度注册一家公司，还要提供当地的社保证明，等注册好了，项目都"黄"了。

竞争在于差异，差异源于分解。分解出优势和劣势，然后对优势进行重新组合，形成有竞争力的方案。差异让你区别于竞争对手！如何区别于竞争对手，就需要建立差异性优势。

差异性优势的建立，首先要知道客户需求，差异来源于客户需求，针对客户要求，才是有效的！销售人员越是无视客户要求，越向客户强力推销，客户就越反感。弄清客户需求后，还需要：第一，要有客户行业业务知识、产品知识和方案知识，第二，要有良好的沟通技巧；第三，可以证明我们确实具备这些优势，拿证据说话。

差异性优势判断标准一般具备以下条件：

（1）能与竞争对手拉开差距，能有效在竞争中定位。

（2）与本次销售交付物有关系。

销售人员眼中的交付物，是用来解决或者修正客户在商业流程中所遇问题的工具和知识的集合。集合中的各元素是销售人员根据优势的判断重新进行的组合，是综合的结果，不是产品白皮书、销售目录，是一套扬长避短的组合，这套组合能体现出差异性优势。

（3）能降低价格敏感性。

客户关注的是问题的解决。只要解决问题，什么都好谈。

（4）能作为我方的优势，是行动的依据。

优势来源于：产品、客户群基础、技术先进性、专业经验、行业咨询能力、服务能力、方案适用性、实施计划、后续服务成本、培训、战略合作等。

上述优势来源于我方，优势指导我们克服自己的劣势，让自己取得有利定位。

（5）差异性优势是相对的。

差异性优势是相对的。同一家产品和服务针对不同客户，不同的时机点，不同的竞争对手，其差异性优势不同。平时可以将产品优势列举成一个集合，由于不同客户带来不同的竞争对手，不同竞争对手带来不同的组合，演化成不同的差异性优势。

差异性优势比拼的是相对优势，将特点进行切割、重组、跨界、连接，让自己脱颖而出。

（6）差异性优势不是假设性的。

差异性优势不是假设性的，它首先来源于产品（服务）、公司、销售人员等因素的自身特点，然后结合客户的需求，区别于竞争对手而罗列出来，这些差异性优势是客观存在的。

若没有形成差异性优势，可通过以下方面分析：

（1）是否真具备独一无二的实力，是否真的能提供一个解决方案，而客户又确实把它当作与众不同，否则你的产品与客户需求不契合。

（2）是否清晰地陈述了独特性和实力，如果认为你的产品与对方的需求契合，只是客户因为价格或者其他不清楚的原因无法选择。若是这样，销售人员下次拜访时要考虑调整战术，以便清楚地把你的产品与对方需求连接在一起。

（3）是否在帮助抑或阻碍决策过程，客户是否不太情愿认知你独一无二的实力，有时可能是因为你推进太快了，让客户进入了歧义性思维，若是这样，销售人员下次拜访时要制定战术重点，集中精力解决认识性思维和客户个人连接问题，以防掉入"销售员驱动"陷阱。

### 三、以优制劣策略

以优制劣策略，也称风险实力原则，还有称为杠杆原理。销售最高策略就是以优制劣，有时候销售就是博弈，关键看你手上的筹码。

从最坏处着想，向最好处努力，通过对项目的资源成本线、评估确认线、交付线、进程迭代线分析，了解项目的定位信息，客户的角色、反应模式、结果，帮助销售人员更好地判断项目形势，通过制定策略达到最终目标。

#### （一）风险

常见风险有以下几种：

（1）不知道的信息：如缺少必要的信息，丢失或不清楚的关键信息。不知道项目的进展，不知道谁是 UB，谁是竞争对手，不知道的客户角色、不知道的反应模式等；谁是我的内线。

（2）不确定的信息：无法确定真伪的信息，不确定某个角色是否支持你，不确定内线的真假，不确定角色的偏好，不能确定自己的销售目标。

（3）没有接触的角色：未进行接触的购买影响者，不明确的客户态度和认知。

（4）客户内部的变化：如新上任的购买影响者，企业内部重组，新面孔或是老面孔，职位未变但角色可能发生变化。

（5）旧的信息：未经确认的、过时的信息，非全面信息。

（6）客户不支持：没搞定的人、曾经得罪过他、竞争对手比你强、不是你的客户、介入晚、个人的利益是否满足等。

销售过程其实质就是减少风险的过程。分析风险的目的是发现要解决的问题，明确不确定性的问题，提醒自己及早解决销售中存在的问题。对于风险，应把它看作迫在眉睫的危险、阻碍实现销售目标的威胁。常见风险规范如表 2-1 所示。

表 2－1　常见风险

| 序号 | 风险类别 |
|------|---------|
| 1 | 建设风险 |
| | 目标、范围不明确风险 |
| | 合同、工作任务书没有明确规定 |
| 2 | 技术风险 |
| | 选用未经验证的新技术 |
| | 项目经理、项目人员能力不足 |
| | 项目组未正确理解客户需求 |
| | 项目组设计的方案不能完全满足客户需求 |
| | 无法正确标识本项目的风险 |
| | 不能正确评价项目风险 |
| | 选择的风险对策不能有效化解或减轻风险 |
| | 没有合适的分析方法和建模工具 |
| | 无法发现风险管理计划中风险识别、风险评价、风险策略问题 |
| | 项目计划任务不明确、进度安排及来源配置不合理 |
| | 测试范围不合理、无法明确定义 |
| | 测试用例的选择缺乏代表性、不完备 |
| | 测试人员培训不充分 |
| 3 | 人力资源风险 |
| | 人员时间和精力不能满足 |
| | 人员拒绝参加项目组 |
| | 项目成员变动 |
| | 项目组人员不稳定 |
| | 没有合适的培训人员 |
| | 人员流失风险 |
| 4 | 变更风险 |
| | 客户需求发生变更 |
| | 需求分析报告、概要设计、详细设计、代码模块发生变更 |

76

| 序号 | 风 险 类 别 |
|---|---|
| 5 | 进度风险 |
| | 产品生命周期各个阶段延迟进度 |
| | 计划不周风险，没有科学制订计划 |
| | 计划执行不力风险 |
| 6 | 沟通风险 |
| | 组织协调风险 |
| | 沟通不畅 |
| 7 | 成本风险 |
| | 项目费用超标 |
| | 成本超支风险 |
| 8 | 客户管理风险 |
| | 客户需求不明确 |
| | 客户需求发生变更 |
| | 客户需求发生重大变化 |
| | 客户关系风险 |
| | 没有如期付款风险 |
| | 客户不满意风险 |
| 9 | 质量风险 |
| | 需求报告、概要设计、详细设计、用户操作手册、代码、测试、集成发生质量问题 |
| | 性能、功能达不到要求 |
| | 未通过评审 |
| 10 | 硬件资源和环境风险 |
| | 缺少必要软件 |
| | 缺乏硬件设备 |
| | 办公环境不完善 |
| | 测试所需资源和安排不周 |
| | 测试环境准备不充分 |

| 序号 | 风 险 类 别 |
|------|-------------|
| 11 | 其他风险 |
| | 客户承诺 |
| | 合同风险 |
| | 收款风险 |

销售中遇拦路虎绕道而行，或者死缠硬磨，均不是科学的方法。销售就是要将不确定性转变为确定性，将不可能变为可能，开始不知道这个项目是谁的，到最后变成你的，所做最重要的工作就是排除风险的过程，沿着战胜风险的方向前进，也就是沿着正确方向前进。

**（二）实力**

实力，销售有时也称为优势，是一种独一无二的差异性优势，可在一定程度上提升定位。实力是客户认可的东西，客户认为你的某项功能有价值，能满足他个人需求，这就是实力。实力是一种主观的东西，客户最终可以感受到的，看得到的，产品不是与生俱来的东西，需要销售去调研、推导、提炼、修正。

实力有以下特点：

（1）实力是显示与竞争对手有差别的方面，能让客户认为你的东西和竞争对手确实不一样，而这种不一样对客户有价值。

（2）能被当作提升定位的机会，可能表现出你的能力，是你的资源，能拿着这实力撬动其他客户，改变自己的地位。

（3）客户觉得重要才是实力，实力是与客户相关的，更为重要的是客户认同的。

（4）能削弱价格的敏感性。客户愿意为你的实力多付钱，在解决问题或者困难时价格已不重要。

## （三）风险实力原则

风险实力原则，也称杠杆原理，即通常所说的"四两拨千斤"。优势是个支点，用优势去撬动客户，优势可能来源于产品、方案、服务、价格、品牌、公司、客户关系、关键角色支持，等等。

用优势去遍历路径上的每一个节点。

可能会有人问，当前还找不到一个支持你的节点，那么你需要重新分析你的定位，可能这个项目确实与你一点关系也没有。该节点认同你的优势，能提升你的定位，能传递、影响其他依赖节点。与该节点建立信息关系，逐一扩大信任节点区域，最终达成区域全覆盖。

# 第四节　资源成本线

## 一、资源策略

老张的邻居出远门，让老张帮忙照顾好家里的藏獒和鹦鹉，并且告诉他，藏獒随便逗，鹦鹉绝对不能逗！老张逗了藏獒好久什么事也没有，看到鹦鹉，心想藏獒都逗得起，那只傻鸟算什么……逗了鹦鹉，鹦鹉开口说话了："藏獒，咬他……"老张被咬死了，享年43岁！

鹦鹉固然不厉害，厉害的是鹦鹉能调动藏獒。销售人员不是全能的，但要善于协调资源，得到更多资源支持。"巧妇难为无米之炊"，资源不仅是成功的保障，也是促使人做事的激励因素。销售资源通常包括：

（1）身边的专业顾问。专业顾问有专业的行业知识、业务知识，对探索客户、反应、关心的问题有帮助。

（2）行业专家。行业专家有行业管理知识、产品知识、竞争知识，为用户提供有用、差异性的服务。

（3）公司上司、领导。他们有丰富的销售经验，能承诺优惠条件和优惠的销售政策，并提供有经验的销售指导。

（4）公司高管或者有权利的人。有可能影响购买者，能推进项目进程，作出合理承诺，解决客户顾忌。

（5）合作伙伴。合作伙伴有行政命令权力，与政府一把手关系，与建设方前期有商务项目运作能力。

（6）样板客户。样板客户能向潜在客户验证公司实施能力、服务能力。

（7）销售员。销售人员要做好充分的准备，风险最大化，细节最小化。

（8）客户中的支持者。

（9）竞争对手。竞争对手有时候可以提供信息。

（10）销售中广义的资源还包括时间、金钱等。

## （一）管理资源

作为一名出色的销售，必须知道手里有哪些资源，有什么样的资源，这是销售的第一能力，要拢住资源并调配这些资源，这是最基本的能力。需要强调的是，资源是能协调、调配、动用、掌握的对象。

销售资源日常维护，记录资源的特点、优势、擅长、爱好、曾经支持的项目及角色、取得哪些客户的认同、欠缺因素、是否是稀缺资源、合作伙伴等。动态了解资源组织内部的分布情况，了解每位专家的特长和不同时期的需求，了解资源的有效性。分别记录资源的协调、调配、动用、掌握方式与途径，记录资源动用成本及难易度。

资源有效储备。资源储备要做到以低成本、快速度、在适宜时机进行储备。

申请资源，利用资源，借用资源。销售人员要预测计划使用资源，同时要有调配资源的能力，特别是公司处于上升期、发展期时。

善用资源，使资源优化，资源运用得好就是销售人员手中的子弹。以领导为例，可用领导参与商务活动，表示公司对客户的重视；可用领导克服困难，请领导找客户的领导，在更高层面上很容易解决"低层面"问题；可用领导去承诺，销售人员在外表现出是一种个人行为，请部门经理、公司负责人分别表示部门行为、公司行为，代表公司对公司的承诺，领导去就较为合适。

### （二）部署资源

部署资源要注意以下几点：

（1）紧扣行动策略与计划，拟定资源需求。

（2）了解公司资源政策，资源分配标准。

（3）资源管理、匹配、运用与工期。

资源匹配主要考虑资源的有效性、成本（投入／产出）、级别、能力，确保解决问题代价的大小与资源投入成本相匹配，项目的收益与资源运用的成本相匹配。

缩短项目工期，一般需要增加费用。在这种情况下，项目费用指项目直接需要的人力资源、物资、设备等费用。路径策略中各个活动所需费用就是各种直接费用。总费用还包括分摊到整个计划而与各个活动没有直接关系的间接费用，如管理费用、附加费用等。一般情况下，计划执行期限越长，这些费用越多。如果推迟项目交付期而造成的信誉损失能够用资金估计，称这种费用为机会成本。项目总费用的最优点（最小点），则按这个点进行交付安排最有利，资源利用率、人均贡献率均是这个思想。如图2－15所示。

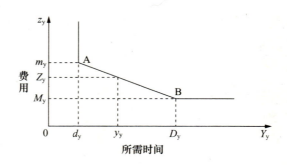

**图 2 – 15　工期与费用关系**

通过图 2 – 15 举例，如一个 1000 万元的项目，多花 10 万元，运作能缩短 20 天，这就需要企业家、销售决策者去判断，是选择多投资，还是选择多投时间。在路径策略中，必须弄清楚网络中各个活动的费用与所需时间是什么关系。一般情况下，要缩短所需时间就需要一定额外费用，但它们之间的关系也会随着活动而变化。

机会成本。机会成本在销售活动中是一个很重要的概念，与之相关的还有显性成本、隐性成本。有限的资源促使销售人员合理分配和使用资源，获取最大的价值。在销售活动中，时刻面临要在多个方案中选择一个方案，被舍弃的选项中最高价值者是本次的机会成本。在众多客户中你要选择理想客户，在众多线索中你要选择有价值的商机，在众多代理商、合作伙伴中你要选择你的理想合作对象，在客户建设方案中是自建还是外购，项目跟踪你要安排哪位销售人员去完成，这些均涉及机会成本，涉及选择与放弃。在整个过程中，使用他人资源的机会成本，即要付给资源拥有者的代价称为显性成本，使用自有资源而放弃其他可能得到的最大回报的那个代价称为隐性成本。

例如，销售漏斗中有 A 项目、B 项目、C 项目。A 项目预算 2000 万元，是一个智能穿戴项目，需要在外省实施，销售进程在方案设计阶段。B 项目是老客户二期项目，预算是 800 万元，信息化项目，需要在一期的基础上做升级。C 项目是本地化项目，预算 600 万元，系统集成项目。公司运营处于上升期，资源长期处于短缺状态。你若选择 A 项目，则机会成本 800 万元；你若选择 B 项目，则机会成本 2000 万元；你若选择 C 项目，则机会成本 2000 万元。

机会成本递增法则同样也能运用到销售中，在公司研发、实施、服务能力不变的情况下，当一种生产要素投入量不断增加时，每一单位的这种生产要素所能替代的另一种生产要素的数量是递减的，机会成本是在递增的，这样可以来解释销售团队成员绩效中存在的"二八原则"，即公司的销售业绩大部分是由个别、典型的销售人员来完成的，其他销售人员业绩占少部分。还能解释同一销售人员在不同的销售年度，可能出现销售业绩一年"饥"一年"饱"的现象。

时间成本不仅是指时间流失的代价，还指因为时间因素而失去销售市场机会的代价，商机万变，稍纵即逝，不再轮回。

### （三）协调资源

由于资源有逐利的本性，资源往往会跟随公司的重大项目、战略项目、"一把手"项目移动。这和员工（人力资源）的主观性因素也有关系，因为员工自身需要有成就感、重视感，主动地去参与、支持。资源总量是不变的，那么其他项目就需要去协调资源。

资源的协调与批准，对方是否愿意协助，首先要考虑资源投入是否有效果，是否符合公司发展；其次需要检验个人信用，资源管理也适用"二八原则"，公司的资源总会围绕着那几个人员转。在有限资源条件下，资源往往优先分配给有信用的人。第一次申请资源往往能得到批准，同事会乐于帮助，若第一次没有取得应有效果，第二次申请对方就会产生怀疑。所以在每次申请资源时，要做好充分准备。下述案例是讲如何协调资源的（同时也运用了列举法）：

第一，为了客户考验我方是否有项目建设的产品，是否有知识产权，同时也让客户使用人员体验公司产品，要求公司做一次系统演示，同时为表示公司的重视，需要派出高层人员一同拜访。

第二，到客户处拜访有两个议题，一个是系统演示，一个是高层人员的拜访交流，为下一次议价打下基础。

第三，这次系统演示的重点看系统易用性、界面的美观性，还有医保结算要重点演示。

第四，将会有四位客户的高层人员参加。

第五，时间下周一下午，在客户大会议室。

上述罗列出来后，解决了请求支持的问题，投入资源也能用到关键点，支持人员也不会认为把自己当"炮灰"。

申请资源，首先要说明事项的基本信息，需要与对方相匹配的级别，但不要把上司推到未知的风险区，销售资源支持完项目后，要用邮件表示感谢。

因资源有逐利的本性，不论是'组织结果'还是'个人赢'层面，对于非重大项目、非战略项目、非关键人员'牵头'的项目，资源往往非常短缺。'三个坛子两个盖子'是常有的现象，项目商机不能得到应有的资源投入，进度跟踪、风险把控得不到保障，致使商机错失、丢单、漏单、跑单现象发生，所有这些，需要销售人员有智慧、有策略去协调与调配。

"胜己者智，胜人者力"，评估项目规模，衡量自己有多大信用，有多大力量办多大事。资源紧缺是长期存在的，也是现实的，不妨通过增加交付次数迭代，缩小项目规模与范围，缩小使用部门，将项目范围减小到自己能把控的力量之下，将项目分批分期分部门建设，量力而行。

提高资源利用效率。资源总是短缺的，即使不是绝对短缺也是相对短缺。好的战略不仅能使资源得到有效利用，还能使效用最大化。战略应该促使企业充分挖掘并发挥各种资源潜力，特别是无形资源潜力。

善用资源策略的最终目的是：以最短的时间、最少的费用获得最大的收益。策略与执行计划的不同，直接导致资源调配的不同。

## 二、资源裂变与资源保护

### （一）资源裂变

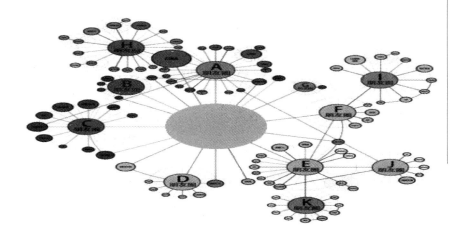

**图 2 - 16　朋友圈裂变**

每一个建立信任的客户均是你的朋友圈，朋友圈介绍（如转发、引荐）是销售中省力、有效、快速建立客户信任的好方法，也称之为裂变。裂变有两个要点：第一是朋友愿意给你转介绍，愿意充当"基站"、"转发器"。第二是转介绍有效果，能建立销售合作的驱动。

转介绍的前提：一是与客户已建立信任，二是客户有价值需求。

客户转介绍的常见方法：

（1）最好的办法是客户把你当面引见给转介绍的客户。

（2）客户给转介绍的客户打电话或提供介绍函。

（3）举行营销活动。如论坛、沙龙、展会。

（4）朋友圈介绍。

客户转介绍时，销售人员自己也要做好准备：

（1）有稳定可靠可行的产品、解决方案。

（2）建立转介绍客户的销售政策、资源准备与支持。包括佣金激励制度、利益分配、财务资金支持。

（3）成立专门的营销、服务团队。

（4）做好转介绍与定期回访。

（5）价值回馈。

**（二）资源保护**

项目资源一定要保护好，要有商务机密意识，否则会造成不必要的麻烦甚至安全隐患。

有关资源保护方法还可参考信任的建立与维护方面的内容。

# 第五节　评估确认线

## 一、评估策略

销售人员在实现目标过程中，常常遇到应对关键人，争取关键角色的支持，获取客户的承诺。

销售人员要想实现目标，以评估线为中心展开销售活动，会有很好的指导作用。看看下面案例：

广东某市综合医院是最具现代化、生态化、智能化的大型绿色医院，要求信息化建设能更好地促进医院的发展。

罗京是广东稻顿技术有限公司销售员，公司研发与心电设备相关的产品，公司无论规模和实力均与医院供应商要求标准有些差距，而且行业利润较低，在竞争对手面前没有优势。

罗京打算改变销售战略，不再与同行竞争，采取合作的方式。若采取合作方式，结算价格、交付方式、服务期限方面较被动，要服从集成厂商安排，先后找了几家合作厂商，给予的结算价格较低，服务周期也较长。

在没有其他策略的情况下，罗京硬着头皮直接找建设项目负责人。而项目负责人是卫计委邓副主任，她同时兼任该院院长。作为该院的首任院长，邓院长是由原来妇幼保健院调过来分管该院的筹建工作的，原来任妇幼保健院院长时，除负责医院管理工作外，还分管妇产科。罗京当年分娩时在妇产科住院。罗京策划了有效的商务理由，向邓主任预约拜访。

第一次拜访主要是认识，以小孩上幼儿园体验疫苗的理由打开主题。

第二次拜访主要是需求调研，调研基本信息，包括项目预算、项目状态、建设内容、实施要求。特别对于实施要求，罗京现场没有给出答复，说要先回公司组织一次技术可行性会议，再给对方答复。公司内部技术讨论的结论是建设方实施要求可以实现。

第三次拜访主要是邀请院长及医院领导层到公司考察，了解公司、了解产品，双方领导见面，对建设内容涉及的方面进行系统演示，并对提出的项目实施要求一一响应。

第四次探讨项目组织合作方式。参与医院信息化各供应商的集中讨论，最后达成共识，医院的心电监护设备放在临床部分，将临床纳入医院整体信息化。

这样，广东稻顿技术有限公司原来不够商务条件的劣势给屏蔽掉了，直接与临床供应商合作，提供解决方案，临床供应商中标后再分包出来给广东稻顿技术有限公司，广东稻顿技术有限公司作为原厂供应商。

罗京在无可奈何的情况下采取直接紧握评估线，紧抱关键角色，与关键人员建立信任，影响关键人员的认知，最后让关键人员协调和引荐，最终获取商业合作机会。

临床供应商遵从项目负责人意见直接与罗京合作，甚至还主动与罗京建立关系，以便于后续实施、验收和回款。对于临床供应商来讲，客户的需求，只要不是独一无二的需求，在多家选择情况下，供应商会遵从项目负责人建议。

再以上述案例为例，为什么以评估线为中心能取得较好的效果，图2-17是一幅时序图，包括横向角色和纵向生命周期。生命周期可以进一步划分不同的流程，这些流程归属不同角色，表现不同的任务和方法，各角色之间通过事件联系。该图是拟定采购招标参数时序图，"客户/用户/投资商"相关活动时间生命周期最长，其他节点事件较短。比如客户有一个关于评估招标参数需求（"事件3"），则"总集成商"在作出能否实现承诺之前，必须先向分包商咨询该指标能否实现（"事件4"），然后分包商再向设备供应商咨询该指标能否实现（"事件5"），设备供应商自己作出测试、评估后，才会向分包商作出承诺（"事件6"），依次向上有"事件7"、"事件8"。

回顾整个过程，每个事件均为"发起—响应"模式，需求是由用户或者客户、投资商发起的。以客户采购流程为例，采购货物需求标准、参数均由客户节点来设计、发起，至于该参数是否经过第三方指导、提供则有多种方式，图中其他节点处于响应、配合、被动状态。

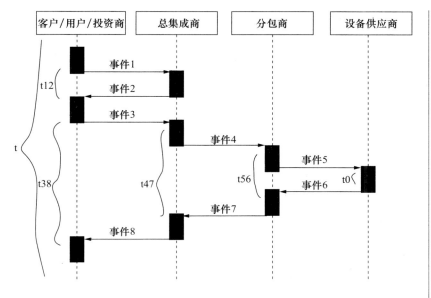

图 2－17  时序图

以评估线为中心，从性质上讲是以主体为中心，这里的主体可以是客户、用户、投资商。以评估线为中心包含两个层次：第一层次，驱动源，以驱动源为中心展开事务。第二层次，在驱动源中的定位。以客户为中心为例，其核心思想是：思考客户是怎样决策的，销售人员按客户决策过程设计自己的方针；以用户为中心为例，其核心思想是：用户的检验标准，喜好。以评估线为中心，其本质是以价值为中心。如以客户为中心决定了我们的策略分析、行动计划、执行等，这是以客户的价值为驱动，不是以竞争对手为中心，不是以产品为中心，更不是以规模为中心。关注客户和用户，不要把精力放在竞争对手身上，把重点放在给客户创造价值方面。要始终关注客户和用户，与客户相互信任，而不是竞争对手，关注竞争对手就会掉进竞争对手设计的陷阱里。

以评估线为中心，真正做到关注评估线中的主体，争取关键角色的支持。首先必须了解主体，而不要把自己放在不确定性的位置。要摸清关键人员喜欢什么。其次是做出贡献，让关键人员意识到你是减少预期与结果之间差距的桥梁，是不可或缺的要素。

以评估线为中心，其意义在于：

（1）以评估主体的驱动展开销售工作，在各主体中，评估主体的生命周期最长。比如有"以客户为中心"、"以用户为中心"、"向投资者负责"，不要以竞争对手为中心，排除干扰，将精力瞄准主体，紧跟评估主体生命周期，当然在跟踪过程中有被"甩掉"的风险，也称为生命周期的中断。

"以客户为中心"、"以用户为中心"不是口号，本质是价值形成过程中的生命周期、时序事件是由"发起—响应"模式决定的。

（2）"发起—响应"模式需要多次行动承诺反复迭代，也就是说，行动承诺是"发起—响应"模式的更小组成单位。模式由一串商务活动积累而成，指导并检验销售工作。"发起—响应"模式在商务活动中随处可见，由一次次行动承诺构成，推进销售进程，将信任层次向纵深发展。通过行动承诺完成"发起"、"响应"之间的过渡。

（3）只有评估主体认为赢才是赢，输赢与销售人员自己的感觉、判断没有关系。销售人员最容易犯的三个错误：用自己的认知、猜测替代客户的认知；当客户的认知和自己的认知不一致时，就去否定客户的认识；喜欢用希望替代策略。

（4）中断。"发起—响应"模式中有可能发生中断，中断的风险严重程度不同，生命周期的风险程度最大，模式的风险严重程度最小。最为典型的中断，如不能达到供应商的入围资格，不能参与系统选型，递交的方案石沉大海，向领导汇报遥遥无期等。

## 二、评估确认线要素

评估确认线要素分析的意义在于：

（1）了解并分析采购决策的角色与影响力。了解各扮演人员的行事风格、具体作用、现阶段参与项目活跃程度、当前处境与态度等。

（2）了解购买影响者的反应模式、支持程度。

（3）了解购买影响者的个人"赢"，维护对方的知情权、选择权、决定权。

（4）掌握客户的决策过程，找出采购活动中的关键点，建立信任、达成合作。

### （一）角色与影响力

一个技术人员可以在技术上否定一个方案，一个用户操作者可以在使用方便性上否定一个方案，一位决策者可以在预算上否定一个方案，一个总裁可以决定谁坐这个位置上分别行使（技术、业务操作、决策）决策权。弄清角色及影响力对销售人员有重要意义。

1. 基本角色

PB（Power Buyer），即权力角色，购买决策的总导演。

角色权限：在有中国特色决策链上，这种角色能安排谁负责项目，谁来行使项目决策的职能和权力。

角色特点：有行政任命权，特别是任命 EB，对 EB 有绩效考核权。

EB（Economic Buyer），即经济购买影响者。

角色权限：采购最终批准权，决策权。

角色特点：控制开支和发放资金、拥有资金使用权、否决权和决策权。

UB（User Buyer），即用户购买影响者。

角色权限：日常使用系统，有反映权、建议权、评价权。

角色特点：使用系统（交付物），对交付物有个人感情，情感较为明显。

TB（Technical Buyer），即技术购买影响者。

角色权限：筛选、选择权、建议权；为厂商安排拜访、技术交流、现场调研、方案讲解、参观等；有否定权、提供候选名单权。

角色特点：拟定技术标准，充当守门员，通过技术否定，性能量化考核。

内线：协助战术分析，信息提供者。

角色作用：确保销售目标的有效性；发现购买影响者（EB、TB、UB）；提供战略分析因素。

角色的划分是存在的，但可能因为不同的公司，同一公司不同时期，同一公司同一时期由于交付物的不同，执行角色的扮演人员不同。也就是说，由于公司不同，时间不同，交付物不同，需要精准定义好角色及执行该角色背后的人。

识别关键人角色，列示全部关键人或者潜在关键人，辨别关键参与者角色，检查未知角色或者决策影响力。分析角色业务价值，可以从客户组织结构开始，列示关键角色的部门、岗位、职责，列示关键角色有关业务需求，确定交付物对关键角色的业务价值。分析关键角色的个人价值，列示角色的年龄、履历、性格信息，列示关键角色在组织中的位置与关系，确定关键角色的个人利益。

区分好职位与角色、角色与扮演该角色的人，做好正确识别。找对角色并做好自身准备，避免找错角色，避免找错执行该角色的个人。在销售工作中，销售人员咨询较多的是角色与扮演角色人员的关系，原则是多对多的关系，一个角色可以由多个人共同执行，一个人可以执行多个角色。

2. 影响力

在不同阶段，要分清基本角色和关键角色，分清影响因素与决定因素。掌握并分析影响力的意义，了解并记住不同角色对这个项目在不同阶段的影响力度，谁是关键人员，谁拥有主导力量。

第一阶段：确认问题阶段。UB 通常是需求发现者、提出者，客户此刻更关心他们的业务需求，存在哪些问题，如何解决，是否可以解决；EB 通常关心预算，这件事需要多大成本和代价。

第二阶段：搜集信息阶段。针对需求，TB 一般采取查找、检索方式，或者通过第三方推荐、广告、展会等方式寻找供应商信息，搜集或者邀请供应商。搜集信息重点包括供应商基本信息、资质规模、实施能力等，预算报价、付款方式、建设内容等，完成信息的搜集、整理与分析，并在条件许可情况下，由TB、UB、EB 组成评估小组实地考察，尽量多搜集满足需求的各种方案和解决办法。

第三阶段：评估比较阶段。TB 关注方案的技术可行性，拟定供应商的选型标准，财务部门关注经济的可行性，综合多方意见出具招标书；UB 关注系统的稳定性、先进性、易用性等，包括功能参数、规格等。EB 为了获得更好的商业条件、付款方式，TB 技术部门为了获取最好的售后服务，会同时与两家以上销售厂家谈，讨价还价。在该阶段，销售人员很容易掉入陷阱。

第四阶段：购买决策阶段。消除顾虑，确定供应商后，经过商务谈判，列明技术规格，确定所需数量、交货时间、付款方式、退货政策、售后服务等。在该阶段 EB 主导购买决策，选定供应商。

第五阶段：购买行为阶段。在该阶段，UB 更关注系统的易用性，TB 充当协调角色，将项目向前推进，强调项目过程和结果。EB 会评估自己此次购买决策是否正确，是否达到预期。

销售人员要帮助采购者在内部扩大影响以证明采购的正确性，从而确保此次合作成功。同时，需要着眼于新的合作，挖掘新的需求。确定关键角色的参与度。绘制每个角色的参与度曲线，标注客户的参与点，列示客户内部政治关系及冲突点，列示客户现阶段参与度与影响力。

通过各阶段分析，销售人员要做到关键角色全覆盖。销售员的常见错误做法有：不分阶段，不分对象，决策链上遇见便进行公关；不分关注点，临时抱佛脚，无准备仓促上阵；在一棵树上吊死；对某个角色的忽略、轻视、怠慢而给自己树敌。

通过对购买影响者的基本角色与关键角色的分析可以找到一般性需求和关注点，更精准的需求需要销售人员在具体的商业活动中不断修正和实现，真诚对待每一位客户，找对时机，共同经营。

### （二）反应模式与支持程度

1. 反应模式含义

（1）决策链上的角色对有关事情的态度。是否支持上这个项目，该项目是否重要，客户愿不愿做这个项目。

（2）客户的倾向性。客户倾向哪些供应商，重点关注哪些方面。

（3）客户如何评价本人。客户是信任你，是否愿意将这个单子给你做，是否认同你，是认同你公司、你公司的产品，还是倾向其他竞争对手。

2. 反应模式分类

根据客户的"现实"与"期望"之间的关系，客户对方案的态度分为四类：增长模式；困境模式；稳定模式；自负模式。

增长模式（Grow 模式）。如"这个项目要上，这是整个五年运营规划中的重要一环"。对销售的建议表示赞同，根本原因是认识到现实与预期之间的差距，也明白可以弥补这种差距；通常采用新技术、新方法、最完善的方案；要分清组织利益和个人利益，促进成交。

困境模式（Trouble 模式）。如"这个项目要上，眼前的困难到了不解决不行的地步"。希望改变现状而避免竞争败北，最终能成交的可能不是最精彩、最便宜、最先进的解决方案，只是能摆脱困境的方案；可能较急成交但不一定成交。必须抓住这个问题，且有能力解决好这个问题。

稳定模式（Even Keel 模式）。如"这个项目可上可不上，眼前不急"。在这种状态下成交较低，这种人心中没有概念，看不到赢在哪里，于是漠不关心、我行我素。没有差异就没有交易。对任何销售建议均持谨慎态度，打破现状是祸根。这类人并没有看到当前有什么问题。他们认为天下本无事，庸人自扰之。但是销售就是没事找事的职业，这时候，要帮他定一个方向，让他意识到差距。

自负模式（Over Confident 模式）。如"这个项目不必上了，花时间花钱"。这种状态下成交可能性几乎为零。

3. 运用

（1）判断项目处在什么阶段，不同阶段有不同的组织和策略。

（2）客户对该项目意向的强烈程度，处于哪种模式。最好先了解对方的反应模式。

若对方处于稳定模式和自负模式，必须先把他们变成增长模式或者困境模式。销售人员可通过展示差异，其他角色施加压力、让他们看到前景与现实差距，输送风险等策略。

（3）客户对需求的清晰程度，供应商对客户需求的满足程度，客户内部对方案评估影响，客户对项目预算的清晰程度，客户采购方式选择，项目采购进程。

（4）与对方信任度，该阶段可策划哪些事情。

（5）在对方的定位，对方是否有倾向性，是否接受你。

不要以自我为中心、想当然，要时刻评估自己，评估当前状态。销售容易犯的一个错误，总是把大部分精力放在他喜欢的人身上。

分析关键人态度。判定客户角色的反应模式，讲述客户角色对现状、期望的认识，列示证据证明客户态度。

分析关键人支持度。判定客户角色的支撑程度，列示证据客户的支持程度，讲述客户支持的原因。

## （三）结果与赢

销售中的"结果与赢"与现实生活中谈的"于公于私"有相似之处。可以先看看下面的说明与运用。

### 1. 结果、赢

结果是交付物在客户商业流程中产生的、可衡量的影响，主要在"于公"方面。其特点如下：

（1）对客户来说，结果是你的交付物对客户商业流程的影响。

（2）结果是有形的、可测量的、可量化的。

（3）是整体的。

如通过信息化系统提高医院门诊量、加速资金周转、降低事故率、提高效率、控制采购成本等回报数字等；行业知识、产品知识转换应用；业务现状、管理问题、目标期望、解决方案、应用价值等。

赢是为了满足某人的个人利益作出的承诺，主要在"于私"方面。对于不同的人，赢总是有不同的含义。赢也称取胜，具体说就是购买影响者个人利益。赢的特点：

（1）是对自己的，自己所获得承诺的实现。

（2）无形的、很难衡量的。

（3）因人而异。

赢是一种感觉，是藏在内心不愿说出的，很难被外在或第三方衡量，可以简单理解为对个人利益是否满足的一种主观判断。这里的赢并非只是指利益，还包括信誉、个人权威、价值、快乐、理由甚至损失、伤害的减轻或避免等。

如何找到个人的赢，有以下方法：

1）从他们想要的结果或从你所了解的他们的生活态度和生活方式推断，还可以根据角色关注点推断。

一般情况下，可通过购买影响者的通用分析在各阶段的关注点和需求中了解到一般需求。

2）直接询问影响者在销售中的获得。

通过问他的"态度"来询问。例如，"关于这套系统你有什么看法？""用这样的方法来解决你的问题你觉得行吗？""你对我的销售提案怎样看？"

3）向他人请教。

4）寻求顾问支持。

需要强调的是，销售人员不要把结果当成购买影响者个人的赢，销售人员不要把销售人员自己的赢当成购买影响者个人的赢。

以医院实施信息化为例，针对该区域的医院，其结果可表现为：承担本区域居民的预防、医疗和保健任务，便民、利民；做好区域内居民的健康教育工作，应对各种突发性公共卫生事件；提升医院竞争力，医院等级测评；加强管理，增加医院收入，降低运营成本和风险；贯彻、落实医疗卫生政策；规范医疗行为；

提高医疗作业效率，减少信息"孤岛"，建立共享平台；做到信息数据适时采集、录入和查询统计；提升患者满意度，杜绝医疗"暴力"，和缓医患关系；等等。

以医院实施信息化为例，针对不同的人，其赢可表现为：应付上级检查，完成上级领导交代的任务；减少工作上的麻烦；加强管理，避免失去控制与权力；加强绩效管理；便于及时上报数据，如各类报表；提高自己信息化工作水平，提升工作业务能力；工作稳定，有安全感，获取更多工作机会，走上更重要工作岗位，获取重用、荣誉，获取更多收入与福利，取得业内、同行的认同与尊重；实现个人职业规划；等等。

2. 运用

"结果—赢"原则，是成功销售战略的核心。其具体内容有：

（1）经过改进后的流程所产生结果会使购买影响者获益，这个结果就是组织利益，同时这个流程能带来个人利益。任何产品或服务都是提供改进某个流程所需的工具和知识。

（2）要销售出产品，必须让购买者明白个人利益，并让他知道如何实现。

（3）销售的艺术和技巧就在于能把你的交付物与对方个人利益联系起来。客户意识到你的产品与他们个人利益之间有关系时才会购买。

（4）获悉对方的个人利益可以采用迂回战术，开门见山会很困难。

（5）满足顾客组织利益后，最终将会满足自己的利益。

为了双赢，销售人员应做两件事：第一，弄清楚购买者需要从交付物中获得怎样的结果（组织利益）；第二，让对方明白如何使其取得个人利益。

98

### 三、信任度连续体

连接理论由美国社会学家马克·格拉诺维特（Mark Granovetter）于1974年提出。格拉诺维特指出：在传统社会，每个人接触最频繁的是自己的亲人、同学、朋友、同事……这是一种十分稳定的传播范围有限的社会认知，这是一种"强连接"（Strong Ties）现象；同时，还存在另外一类相对于前一种社会关系更为广泛的，却是肤浅的社会认知。例如，被人无意间提到或者打开收音机偶然听到的一个人……格拉诺维特把后者称为"弱连接"（Weak Ties）。

与一个人的工作和事业关系最密切的社会关系并不是"强连接"，而常常是"弱连接"，因为那些长久没有来往的同学、前同事，或者只有数面之缘的人能够提供有用的线索，弱关系中的信息传播由于经过较长的社会距离，因此能够使信息流行起来。"弱连接"虽然不如"强连接"那样坚固（金字塔），却有着极快的、可能具有低成本和高效能的传播效率。事实上，在信息扩散传播方面，弱连接起着同样的作用。弱连接在与外界交流时发挥关键作用，为了获取新的信息，必须充分发挥弱连接的作用。这些弱连接或熟人，都是与外界沟通的桥梁，不同地方的人通过弱连接可以获取不同的信息。最亲近的朋友可能生活圈子差不多，生活几乎完全重合。而那些久不见面的人，他们可能掌握了很多你并不了解的情况。只有这些"微弱关系"的存在，信息才能在不同圈子中流传。弱连接的威力正在于此。

强连接关系的组成者相似度高，它们之间信息重复性也高，通过强关系传播的信息更可能限制在较小的范围内，一个人的亲朋好友圈子里的人可能相互认识，因此，在这种圈子中，他人提供的交流信息总是冗余。比如，从这个朋友或亲戚听到的，可能早已经在另一个朋友那里听说了，而他们之间也都相互交谈过此话题。强连接关系通常代表行动者彼此之间具有高度的互动，在某些存在的互动关系形态上较亲密，因此，通过强连接所产生的信息通常是重复的，容易自成一个封闭系统。网络内的成员由于具有相似态度，高度的互动频率通常会强化原本认知的观点而降低与其他观点的融合，故认为在组织中强连接网络并不是一个可以提供创新机会的管道。

信任是人与人连接的一种关系，这种连接有强弱层次的区分。在中国社会，信任有时也被称为"认同"，具体讲，可以分为局外人、朋友关系、工作关系、合作伙伴关系。

局外人即这个项目与之没关系，不了解也不能满足客户的个人利益，也不能满足组织利益，不了解内部的决策情况，不了解项目的进展，通常凭道听途说、个人猜测等，是一种弱连接关系。

朋友关系即个人关系、个人友情，但未能满足客户的组织利益。通常通过小道消息、私人消息、个人引荐推进。

工作关系即公对公关系、事不关己的关系，如竞争对手犯错自己意外中标，一切按正常流程进行，没有讨价还价、通融、协商的余地。

合作伙伴关系即双方建立起信任关系，如平时所讲的"鱼水"关系，谁也离不开谁，是一种强连接关系。

在连接中还有个不可忽略的因素——品牌。品牌就是建立更多真实的弱连接，然后将弱连接变成强连接。品牌的建立有传统广告形式，那时很多都是以建立这种弱连接为目的，他们关心的是媒体覆盖面积和总到达人群数，对于与每个人的连接是予以忽视的。这种传统营销面向一群人，而不是一个人，媒体通常通过简单曝光与沟通获得。品牌在用户心目中留下相应位置，实质就已经建立了弱连接，这种连接方式形成的标志是用户已经对你的品牌产生了认同，并且在下次需要购买同类产品的时候会想起你的品牌，但是品牌连接一旦变弱，品牌便失去其黏性，客户有需求不会形成方案的"入口"。

信任是一个综合体，是一个概括与抽象程度较高的综合，是双方甚至是多方的，不是个体概念。销售中常说"关系"一词，跟我们生活所说的"关系"不是一回事，如"销售就是做关系"、"销售就是做人"等，这些观点把销售简单化、单一化了。信任是一个综合体，有很多因素，如对方经历、经验和知识，对方技术专长、教育背景、语言与口才、外表、着装、打扮、个性、举止等，还有如对方的社交圈子、伙伴、联系人、交往人群、朋友、客户等。信任落实到人、事情、时机、话语时，则表现出一段时间内的具体结果，如对方是否有足够力度愿意和你站在一起，是否愿意进入你的阵营，是否欣赏你的能力，等等。

在销售中常遇到客户未必愿意沟通，客户未必认同诉说的话题，客户未必相信解决方案，客户未必承认你说的价值。所以，在销售领域，一流销售人员花 80% 时间建立信任，花 20% 时间达成交易；三流销售人员花 20% 时间建立信任，花 80% 精力促成交易，但也很难成交。客户为什么会买你的产品，是因为信赖你。

信任的建立与维护贯穿销售整个过程，建立信任有层次性，如图 2-18 所示，按照准备、同化、交流、交底、交心、交易几个阶段来推进关系（本文也称为"信任度连续体"）。这种关系推进是由弱连接关系发展到强连接关系过程，同化连接关系最弱，交易连接关系最强。信任建立的范围，首先是从个人对个人（C2C）开始的，与对方建立起信任，然后不断迭代，不断扩大支持者，编织更大的一张网络构成一个集合，形成个人对单位（C2B）、单位对单位（B2B）局面。

在整个过程中，一方面与客户的信任逐渐深化，另一方面将项目推向前进，销售人员要始终抓住这两点不动摇。建立信任的过程不要有太强的目的性，否则收获的不是信任，而是防备。不同销售人员，同样一次拜访甚至一次应酬，建立信任的深度和获得的信息量是有差异的。

最后需要强调一点，所有竞争到最后都是人际关系的竞争，是与对方信任度的竞争。同样产品、同样价位、同样服务，而不同的供应商，最后到底跟谁成交，就看对谁有好感，信任谁。

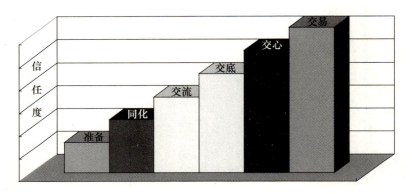

图2-18　行为过程

## 四、评估信任度

信任度连续体中的准备阶段，需要判断当前与对方连接关系处于怎样水平，当前处在哪一个阶段，计划向前推进到哪一个阶段，每个阶段要获取的行动承诺，希望得到客户什么帮助，需要与客户达成哪些共识。

准备阶段重点要评估自己与对方处于怎样的信用水平，处于什么阶段，可根据以下现象进行评估：

### （一）赢得客户信任时

客户愿意与你交往，给你联系方式。

愿意与你进行非正式沟通，愿意到办公室以外的地方沟通，愿意帮忙。

客户愿意谈论他的需求、方案、产品，以及这些对象与需求的关系；客户乐于做些假设和想象。客户常用"如何"而不是问"为什么"、把精力放在方案上面。客户愿意提供个性化信息，愿意向你交流他所知道的一些内部信息，甚至和你分享他的想法。

客户相信你能办好这件事，做好这个项目。客户甚至暗示你，他相信你做的事，给你加油打气。

客户主动与你联系。

### （二）未赢得客户信任时

客户不给沟通机会，不容解释和回答，不按你认为的合理逻辑沟通，不接你的电话，拒绝给你承诺。在沟通中经常打断你，对你的思路总是有疑问，还用经验反驳你的观点，你给他发信息从来不回。

客户给你说台面上的话，说官话、讲原则，甚至挖陷阱、设圈套，盘问你，查问你。

客户保持沉默，或者警惕性很高，你问他问题，他总是只言片语，不告诉更多的信息。想邀请他，他就是不出来；想问什么信息也不说，客户对你有明显的敌对性或防卫性。

客户觉得与你合作有风险、有损失，至少觉得不会有好处，他有想法和顾虑不会主动讲给你听，他觉得与你交流白费工夫，认为你没有能力办好这件事情，也没打算相信你。

客户没有把需求和方案跟你"交底"，你们之间总是隔了一层什么。客户的采购进程不与你商量就进入下一个阶段，在没有和客户做任何沟通的情况下就收到客户的招标文件。

原本不专业的客户突然变得专业了，从前经常寻求帮助的客户渐渐不再打扰我们了。

与客户的关系达到什么阶段，是判断与对方是否建立信任以及信任度的标准，如何判断是否赢得了客户信任，最根本的标准就是向对方要行动承诺。

## 五、信任建立

### （一）同化

同化，先是认识与搜集对方的基本信息，模仿顾客，改变自己，迎合对方，取得对方的好感，让对方给你机会。交流让你在模仿对方、认识对方的同时，也让对方认识你。

同化的主要目的是让对方给自己一个继续将关系向前推进的机会。

在同化阶段常见的销售方法有电话和拜访、赠送小礼物等方式，获取客户名片、基本信息。

其销售工具：电话、拜访、小礼物。

（1）电话。通过电话与客户保持联系。

（2）拜访。在约定时间和地点与客户会面。

（3）小礼物。携带客户喜欢的小礼物，礼品的价值在国家法律和公司允许的范围内。

（4）展会、发布会。发布新产品、新版本等营销会议，展会，品牌营销推广会议，社会化营销。

（5）第三方媒体。微博、客户社区、微信朋友圈、第三方媒体的宣传、推广、互动。

一个优秀的销售员能够在见到客户的很短时间内就取得客户的好感，激发客户的兴趣。第一印象非常重要，第一印象来源于迎合能力、观察能力、应变能力。

如何去迎合对方，要做以下四件事：

（1）如何识别人。

（2）判断人际沟通风格。

（3）如何调整自己的行为，让对方产生好感。

（4）寻找共同的交集。

1. 识别人

如何观察、识别客户，需要了解人际沟通风格。不同的人对同样事会用不同方式，原因是人们拥有不同的人际沟通风格，通常从两个方面观察：第一，观察表达方式。第二，观察肢体语言。还可以进一步从两方面来判断：影响方式和表达方式。

影响方式，就是使别人接受自己的观点所采取的方式。通常有两种：第一，征询导向型，其特点是内敛，问得多，和你商量并听取你的意见，语速较慢声音较轻，姿态动作较放松；第二，指令导向型，其特点是果断命令较多，语气较重，常打断别人的交流，身体向前倾，语速较快，声音较大。

表达方式，就是表达情感的方式。表达方式也有两种：第一，任务导向型，其特点是关注事，以事为主，没有人情味；手势较少；语调变化较少；面部表情较少，古板，不善于表达。第二，人际导向型，其特点是以人为主；手势较多；语调变化较多；情感都写在脸上，很容易表示内心感受，张扬。

2. 判断人际沟通风格

人际沟通风格可以简化为以下四种类型，见图 2 - 19 和表 2 - 2，这种分类不涉及道德、人品，而是人与人打交道的一种沟通风格，有分析型、亲和型、实践型、表现型。

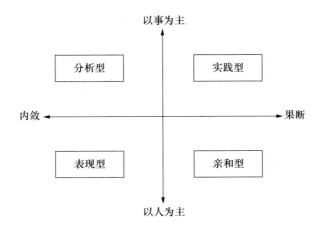

图 2 - 19　人际沟通风格

表 2-2 人际沟通风格

| 特点分类 | 分析型 | 亲和型 | 实践型 | 表现型 |
|---|---|---|---|---|
| 特点 | 有条理、行事稳健<br>任任要在掌握足够的信息后，经过复杂的数据运算，才会作出结论、决策<br>慢、谨慎、语速慢<br>偏保守、语速慢<br>关注事，不太关注人际关系，不谈感情，偏好文字数字性东西<br>对于事务，直人主题、直接谈正事，一旦决定后较自信 | 擅长在沟通中创造一个融洽的氛围，事先拉好关系、暖场、再进入主题。但有时沟通呈现跳跃型，让人不明白他真正表达的中心思想，有时表现得没主见、乐于支持<br>决策的依据是跟着大众一起走、决策较慢、害怕承担风险，以民主集中方式讨论、集中决策，共同签名、最担心顾己和想法一般不会表达出来 | 善于掌控、极强的控制欲<br>关注目标、利益、结果和行动<br>做事坚决、果断、决策速度偏快<br>和老板争执就有一个会受伤 | 既是指令导向，又是人际关系导向<br>在意表场、注重口碑、有激情、精力充沛、兴趣广泛、有感染力、有想象力、梦想<br>注意力很容易转移、决策容易变化、有时谈着谈着不知他谈到哪里去了，不靠谱 |
| 面对争论、分歧策略 | 他不会同你争执，坚信他的意见是对的<br>"可以按你的意见做，但我的意见保留" | "行，你说怎么办就怎么办" | 喜欢争斗、非得要争个胜利<br>"就按这样做" | "同意你的意见，但是我有个建议是……" |
| 策略 | 要条理清晰、有逻辑、有理有据、有先后顺序、要翔实、强调准确性、提供科学的证据，如图表、数字等<br>销售人员重点回答如何解决问题 | 把别人同意的意见及时反告，并作出承诺和保证<br>强调合作，在意别人的意见，注重关系和感受<br>销售人员重点回答还有谁采用过该方案 | 告诉他利益、这样做有什么好处，也不必说出太详细的细节、强调效率和目标、重在结果<br>销售人员重点回答该方案能带来什么利益 | 把他的意见加到他到他的方案中去<br>通过兴趣来润滑、注重远见、但凭借直觉<br>销售人员重点回答为向该方案是最佳方案、如何先进、可靠、并进行证明和激励 |

可以通过表 2 - 2 列举的特点和现象，简单了解不同类型人说同样的事，对同样的项目会采用不同方式。

风格类型之间还有相当多共性和重叠，每个人在不同时期所作所为都可能属于行为类型中的任何一种。虽然行为类型各有不同，但并无好坏之分。

通过了解人际风格分类的意义：

（1）初步判断对方属于哪种类型，便于对方在自己心里面有幅画像，将画像与曾经接触过的人或者身边的人做对照，然后推导他的价值观、情怀。

（2）通过风格分析，了解他人是接受还是排斥你，了解他人怎样接受你；影响他人对你的看法，赢得他们对你的友好尊敬，或者促使他人接受你的观点。

（3）便于呈现优势，形成差异化价值，达到后期创造双赢的结果。

了解客户人际沟通风格有助于确定客户在特定的某一时刻的行为方式、决策模式，特别是面对争论、分歧能够对他人的行为采取恰如其分的策略。

3. 如何调整自己行为，让对方产生好感

如果客户有好感，往往会探讨很多业务细节，询问一些很具体的情况，并且一起交换看法，或许他们真的在思考是否需要解决问题、怎么解决问题，客户会不知不觉延长时间，直到认为聊透、聊尽兴为止。在这种情况下，好像很容易就可以见到决策者，或者决策者参与交流，或者是和这个人交流完，他们很愿意把我们引荐给他的领导。

人际沟通风格部分决定了他人是接受还是排斥你，同时也影响他人怎样接收你的信息。根据好感原理，人们喜欢那些欣赏自己的人。改变你的说话方式和肢体动作与对方相符，不和对方产生冲突。

对于不同的人，如果能采用对方喜欢的方式沟通，就会取得较好的效果。

（1）与实践型相处。必须表现出服从的样子，肯定他的能力、支持他的看法，掌握要点沟通，不拐弯抹角，直截了当由他做选择，不重复提问，不出错，相信他的建议是善意的。

（2）与分析型相处。必须像对待专家一样讨论问题，不必牵扯太多情绪，要提供系统完整的信息，提供成功案例，给他足够的时间思考，理解他的反应和习惯，不强迫立即决定，不谈风花雪月，不谈不实际的话题。

（3）与表现型相处。必须关心他本人的心情，协助他记录要点并对信息重复验证，欣赏他善解人意与热情，接受他的沟通方式，喜欢他非正式的交谈，避免让他介入冲突，需要不断地把别人的建议、想法和赞同传递给他。

（4）与亲和型相处。必须创造沟通良好氛围，要强调信任与忠诚，给予真诚及强烈的肯定，讲求团结合作，专注倾听并给予认同。

在工作中，销售人员碰到和自己处于同一象限的人（如图2-19所示），很容易赢得好感；但遇到不同象限的人，尤其是对立象限时相当难受。例如：

对于实践型的老板，准备六七页文档，偏重讲利益，把难题直接抛给他，然后看他这个事情怎么处理，对他言听计从。对于分析型的副总裁，每一件事情均和他一块讨论，形成结论，准备开一个专题讨论会，让他以专家身份参加。对于表现型副总裁，公司的进展、业绩在公司网站上，你放一天，老板就会看到一天，老板看到后就会表扬你，销售员还可自己替表现型副总裁写表扬稿。对于亲和型副总裁，就说这件事总裁很支持，其他人也很支持，都很乐意做这件事情，他才会推动这项工作。

4. 寻找共同的交集

根据社会影响力原理，人们会仿效与其相似人的做法。共同爱好，共同经历、处境、心路历程，共同人生感悟或价值观，人与人均会有这样的共通点，会影响彼此之间的信任关系。

共同爱好，这是传统销售大显身手的地方，没有共同爱好的就自己培养。客户喜欢旅游，就跟着背个包；客户喜欢葡萄酒，就去学葡萄酒的相关知识；局长是一个驴友，你就入会，每天问行程，力求创造巧遇局长的机会。兴趣点是推动关系发展的关键，找到便能顺水行舟。

共同的经历，同过窗、一起扛过枪，这些均称为共同的经历。

共同的朋友，客户很容易把对介绍人的信任直接转嫁到你身上。如果你的朋友是个专家，客户通常不会认为你是个外行。

共同点一般很好找，没有共同点则销售员可以创造出共同点。真正关注客户，同客户形成共同语言，特别是利用自己的专业知识和专业能力与客户建立在业务上的共通点，那才是最好的效果。

迎合力只能解决让客户喜欢你的问题，而销售的最终目的是成交。达到喜欢你这个层次还远远不够，接下来还得让客户相信你的能力、人品和责任心。

## （二）交流

交流，在同化基础上互动，进一步接近与接触，试探性地沟通、方向性地沟通，发现、引导出客户的需求，通过机会分析形成合作意愿。保持轻松心态，寻找共同点，利用双方接触的机会，策划些小事件，搞些小活动，如聚餐、运动、产品试用与演示等，你来我往，慢慢让客户喜欢你。

销售人员要间接地、直接地呈现自己的价值，做好准备性工作，让对方认识你，了解你，使用一些铺垫性、试探性语言。

要创造对方对你感兴趣的场景，同时搜集对方的痛点，了解顾客的困难、问题、需求及影响，通过痛点进入客户心房，引导客户认识到自己的痛点并鼓励可以采取行动，让客户产生需求，通过痒点驱动客户对未来的想象。

通过撒网式交流后，需要重现场景，进一步了解对方、认识对方，了解对方的大致轮廓和一些可能性方向，以便下一阶段的判断与核实。

最常见的销售工具：

（1）技术交流。在客户现场进行技术交流，开展多种组织形式，包括展览、发布会、演示会、介绍会等。

（2）系统演示、测试和样品。为客户提供测试环境进行产品测试，或者向客户提供样品试用。

（3）讲故事。在会议室、餐桌边讲故事，间接性交流。

（4）讲场景。讲业务流程、人员角色、业务操作、需求功能、态度见解。

如果获得对方信任，必须先有专业知识和真诚。根据权威原理，人们愿意听从专家的意见，通过真诚、能力、权力这几个要点直接、间接表现出来。

1. 真诚

真诚。复杂销售中的沟通和平常谈话有很大区别，它是以专业的询问为基础，以 SPIN 为顺序，以双赢为目的。深切体会对方的问题、方法、痛苦、利益、影响，进入客户角色中，了解客户的业务流程、人员角色、业务操作、需求功能、态度见解。与客户建立信任，其中一个很重要的因素就是要真诚对待客户。

尊重。尊重客户的认知和思维，不要做万事通，设身处地地为对方着想，不回避、不隐瞒、不欺骗。尊重并有效利用客户的时间和资源，听取客户的意见，尊重客户的现状与处境。

诚实。言行一致，不说谎，你说认识谁，是谁介绍过来的，具体资源，做过什么……所有这些，对方会不经意地去打听和核实的。有哪点对不上，不真实，则眼前这个人将会关闭与你交往的大门，切断给予你的机会。

诚意。诚意即表现对客户利益的关心。市场项目型销售过程中，很多项目型销售人员抱怨经销商不配合，总部职能部门不配合，导致自己工作起来特别"吃力"，其实不单是经销商，即使是总部职能部门都有自己的立场和思考问题的方式，很多时候需要站在对方的立场去考虑问题，这样的沟通才会有效果。研究结果证明，当你表现出对客户利益的关心时，客户就觉得你是个好人；当你表现出对自己利益的关心时，客户就觉得你是个坏蛋。表现出诚意，并不是销售技巧问题，而是销售思维问题，也就是说，必须时时刻刻具有双赢的思维，时时刻刻为客户着想，并通过为客户谋利益而实现自己的利益。

2. 能力

能力首先表现为对客户业务的深刻理解，并能结合自己的产品或方案为客户展示，提出中肯的建议，这一点需要销售员投入时间和精力。销售或者售前顾问一旦具备这种能力，就很容易在销售中建立起独特的竞争优势。

（1）展示能力。将个人形象、公司形象展示出来，通常，在技术交流会、考察、演示、拜访等场合表现出来。团队要统一着装，颜色要统一，包括领带；还要有个众星捧月，要有个说话算数的人；每个人的装备，包括笔记本，钢笔的牌子，本子越大越显专业，不是能记就行了。

通过展示能力，让别人知道你是个专业的人。第一次上来，不要问得太深，不要急，也不要怕，更不要让人感觉到你的功利性（整天谈业务，摸信息），第一次加深印象即可；等信任差不多了，对方会主动关心你的问题，或者你若有求对方必会响应。

通过这个过程，对方也是在不断考验你，先看你懂不懂，然后看你会不会办事；要让对方对你放心，感觉能办好事。

有人说，客户与销售人员见面的前 30 秒就决定买不买你的东西了。事实是，客户在见面的前 30 秒内就可能决定不买你东西了！至于买，也许需要几个月才能决定。客户要掏钱给你，当然要买个放心。而专业形象是客户放心与否的最直接证据。包括每个人穿什么、西装领带的搭配、背什么包、带什么本子、拿什么笔等。

信息分享，讲出事实，保持开放心态，营造口碑，保持自信，包括公司、个人、产品的最新发展，业内市场最新动态等。

（2）专业能力。用专业知识建立信任，这是建立信任的最快途径，也是最节省成本的方式。专业能力是指经验、阅历、对问题的理解和解决能力等，这些要务最核心的要素是对客户业务的理解力。因为客户只了解自己的业务，只能在他的业务领域进行观察，如果比客户自己还理解他的业务，他就会觉得你是值得信任的人。

客户又是如何观察你的专业能力呢？下边几条是客户考察的途径：

提问模式。提问越具体，客户越觉得你是专家。比如你问："你们的管理有什么问题？"客户听到后就觉得你是外行。如果你问，"在资金收支两条线管理中，你们子公司账户多长时间或多少资金积累后向总公司账户划拨一次？为什么这样设定？"客户听后就觉得你是专家。

你的阅历及你过去的成功。阅历是指曾经经历过多少案例，曾经拿下哪些类似项目，是如何处理的。客户喜欢从别人的案例中找到自己的问题，也喜欢从中观察你处理问题的能力。

解决问题的能力。如果客户说出自己的问题，你能提供几种解决方案，客户对你的信任也会增加几分。

3. 权力

权力。这个因素在中国显得尤为突出，客户更倾向于供应商级别较高的人和他谈，级别对称也是客户展示自我的一种方式；信任供应商级别更高人的承诺，因为权力是利益的保障。

权力也是一种资源，高层会面是大项目销售必经的程序，通过高层拜访，能消除客户的顾虑，表示供应商对客户的重视和诚意。权力从某种程度上讲能代表一种公司行为，在承诺、谈判场合下尤为明显。

4. 验证

将上述讲到的人、事、物、产品进行验证。如将所谈到的人叫过来见面，做一次交流；邀请客户到公司考察；对产品进行演示、试用等。

不断对上述事项进行证明，不断与对方确认，请第三方验证。验证方法有：

（1）专家、权威的帮助与引荐。

（2）照片、彩页、简报。

（3）统计数字，顾客总数，权威杂志。

（4）宣传案例、顾客名单、有影响的人物。

（5）自己成功的资历。

（6）财务上的成就。

（7）引进专家的帮助或权威的帮助，将专家请到现场交流。

（三）交底

交底，基于合作方向确定对方的需求，进一步发展信任度，挖掘需求，向关心需求的对象表明自身价值并阐明优势。呈现"你是谁，你不是谁"、"你可以做到什么，做不到什么，可做什么程度"、"你有什么资源，没有什么资源"等肯定性语言，消除客户不必要的误判，解决客户顾忌，扫除合作障碍，这也是对对方的尊重。

交底主要依托私交、个人友谊展开。首先，针对对方需求与愿景，将自己的优势、资源有选择地呈现出来，形成自己差异性优势，为取得客户倾向性的支持创造条件。其次，也要认清对方，对方的价值，对方是否乐于帮助你，是否有合作的意愿，对方是什么合作类型。

只有双方相互了解，才可能建立双方互信，才能为下一步合作打下基础。在该过程中，可使用一些诱导性、激发性语言。激起对方的潜在欲望，开始让对方推测，让对方感觉会有这种机会存在，有想象中的未来。只有这样，才知道对方究竟关心什么，才能够知道下一步怎么做。

交底的时机与载体要把握好，要事先做好预判。最常见的销售工具有：

（1）单独聚会、私聊。如请出来单独吃饭、喝茶，刚开始请对方，对方可能会半推半拉，因为对你不熟，另外可能是考验你诚不诚心，第二次就慢慢随便了，第三次他就会答应，开始对你慢慢了解了，开始交底了。

（2）单独拜访。

（3）简单的商务活动。

（4）外地参观考察：邀请客户到外地旅游，到公司参观和考察。

（5）书信。包括电子邮件、书信。

（6）移动智能营销。

销售经理杨水源交代销售员刘阳去机场接一位从华中区域来的某部门主任，要求将主任接到公司门口后再由杨水源接待，其实杨水源也没有和主任见过面。

刘阳："王主任，公司说您已经到深圳了，由我负责到机场来接您！"

航班晚了两个小时，主任听到刘阳的话，感觉有点被操纵和憋屈的感觉。主任："刘经理，不必占你时间了！我已经安排好了。谢谢！"

刘阳："主任，我已经在机场出站台这里，没找到你，要不这样，您打下我电话，我开车过来。"

主任没回过神来，愣了下。便回了一句："打你电话？"说着把手机给关掉了。

眼看时间过去了，主任也没有接到，只有通过分公司联系，了解到主任到在本地大学念书的女儿那里去了。

杨水源通过第三方找到主任后，赶紧道歉同时顺便介绍自己："主任，我叫杨水源，同时分管湖南市场的工作，我们今天没有接待好。我在公司四年了，公司主要提供医疗信息化及区域医疗的解决方案。我们自从开发华中市场以来，始终如一，当前县级以上的医院客户差不多近百家了，现在又专门建立了该辖区的实施团队，坚守承诺提供完整的售后服务。主任，不知人民医院信息化建设怎样了，需要我们提供哪些协助？"看主任好像消了点气，舒缓了些，于是聊了些轻松话题。

主任不是来该公司的，销售员第一次的沟通是自作主张，直接就说我们去接您，这是不礼貌的。


其实，销售人员开头可以这样说，"主任，听说您来深圳了，到时候我们去接您，您看是否方便？"客户会根据实际情况答复。做销售，要灵活把握，见机行事，灵活应变。

（四）交心

交心，开始寻找合作的机会，进行心理沟通，寻找双方的交集，让这种交集能放在双方有一定分量的位置，把想法装进客户的脑子里。

寻找项目合作的可行性，说出自己的想法：打算合作做什么项目，双方如何合作，需要多长时间，可以带来哪些收益，收益如何收回，利益如何分配等。该过程也是开始谋事的过程，可以形成可行性研究报告，然后寻找突破口，达成手拉手动作，在时机成熟条件下，将筹划的方案付诸行动。

交心要创造出一些提供创造和传递价值的可能，同时点到为止，但能让客户内心去思考，去评估和选择，去想象未来，因为只有让对方内心强大，双方合作才有力量，才能持久，才能排除对方的顾虑。

交心使得双方开始关注对方，关注对方的问题、方法、利益、影响。为了达到交心的目的，尽量选择一些比较私密性的活动。交心活动的策划设计、执行、回访整个过程要细腻、缜密，否则事倍功半，功败垂成。

销售工具有：

（1）联谊活动。与客户在一起举行的多种多样的商务活动，这些活动通常包括宴会、运动、比赛、娱乐等。

（2）家庭活动。与客户的家人往来，参与客户私人活动或邀请客户参与客户经理自己的私人活动。

（3）异地参观。邀请重要客户异地旅游，参观。

（4）贵重礼品。在国家法律范围内，向客户提供足以影响客户采购决定的礼品。送礼要送到心，不是越贵越好。

从弱连接到强连接，是将用户变为真正朋友的重要方式。用户真正愿意与你分享，愿意听你的建议。

**（五）交易**

对方能主动联系你，联系可能是一句问候，也可能是一条大鱼，但不管怎样，你已经和对方相互认同，彼此隔着的篱笆已经推倒！

交易前提是与客户达到深度信任层次，让顾客离不开你，对你有一种依赖。这种依赖是：客户认为只有你或者与你相关的才是独一无二的，只有你才能尽可能解决他的需求，第三方解决不了。这时客户愿意采取行动帮助你达到共同目标。

交易，为了共同利益结成同盟关系，包括客户透露情报、出谋划策、穿针引线、在关键时刻替你说话，基于自身优势和对方需求建立双赢方案，并实施竞争策略，拟定合作协议，以便取得对方配合与支持，实施双赢方案和实现双方价值，达到双赢目标。

在互联网飞速发展的今天，大家说得较多的粉丝关系并不是强关系，交易关系是强关系，是信任度连续体中最高层次。通过交易，兑现、印证你的承诺，让对方感受你的担当、责任，在该过程中，坚决杜绝借口。

销售工具：

（1）合同、合作协议。阐明合作原则，强调利益双赢，明确权、责、利，双方的合作与分工、利益分配，给予行动承诺。

（2）介绍给第三方。如介绍给他的朋友、上司，并在适当时候给予合作引荐。客户乐于帮助销售人员引荐同事和领导，进行穿针引线，引荐到决策链上人员，引荐给其他供应商或者朋友。

（3）内线指导。在建立信任过程中，通过发展内线来搜集资料是一种快捷方式。通过组织架构分析，识别客户的角色。根据角色不同特点，将客户性格分类，采取不同打交道方式。

（4）方案与报价。形成方案，客户可能要经过立项、争取预算等，在形成过程中，可能要经过多次修改。

（5）评分表决。提供背后、隐性引导与支持，甚至公开表决，在客户决策时能够站出来坚定支持己方方案。

（6）谈判。在双赢基础上，利用谈判技巧完成交易。

1. 利益分配

利益分配包括组织利益和个人利益，也称结果与赢。利益不只指回扣，在中国销售中，说到利益，就觉得是回扣、是好处费，这里所谈的利益并非指回扣等违法行为，而是客户背后的需求。只会送回扣的销售是笨销售、懒销售！因为他们不愿意寻找、挖掘客户背后需求和利益，有耕耘就会有收获。送回扣是对客户的不尊重，是对销售员所在公司的不尊重！销售员的任务是什么？是创造价值！

客户要买东西的原因，是因为客户有需求，客户有需求的原因，是因为客户觉得问题必须要解决。客户觉得问题要解决的原因，是因为这些问题不解决就会损害他们的个人利益。

一个大项目运作过程中，经常会有人支持，有人反对，凡是支持的是因为他们个人利益被满足了，凡是反对的是因为他们的个人利益没有被满足或者没有被完全满足。

由此可见，满足了个人利益，实现了个人的赢，信任就很容易建立。否则，即使用其他手段建立起信任，时间不长久，稍有变化就消失得无影无踪，更不用说价值传递了。

满足个人利益无疑是建立关系和信任的利器，但这并不容易，因为人与人之间有差别，个人差异可能表现在工作上，生活上，因人而异。在每一次采购中每个参与采购的角色可能都会有不同的个人利益，需要不断探索和发现。

以医院信息化来讲，对于护士，她想上信息化，提高她的知识面，提高计算机操作水平，提高自己医嘱执行的能力；对于主治医生，他想实施信息化，提高他每天问诊病人的数量和问诊的质量，能方便快捷开处方；对于院长，他想上信息化，来加强绩效考核，实时了解医院收入、病床使用情况、门诊量等。

组织利益和个人利益两者并不是矛盾和对立的，并不是要牺牲组织利益而获取个人利益。个人利益是构成组织利益和高尚行为的基石，只有承认个人利益，高尚的行为才会真正有益。

多个人的个人利益形成利益联盟。这一点在销售中体现得尤为明显，销售中的个人利益是连接人与人之间关系最重要的纽带。

### 2. 终极信任

所谓终极信任，往好里说叫战略协作，往俗里说叫相互依靠。

如何利用组织利益建立终极信任。终极信任和前面说的几种信任有原则不同，前面都是销售人员与客户之间的关系，是讲个体之间的信任，而这里讲的是组织与组织之间的关系。

获得终极信任的客户自然是战略性客户，既影响供应商的战略，也影响客户的战略，只有这样的客户才值得长久经营，共同发展。

### 3. 后续服务

赢得客户信任后，需要做以下工作：

（1）向客户建议当前存在的需求和愿景。

（2）向客户强调能解决上述需求和愿景的优势。

（3）向客户建议供应商的选型评估流程。

所有建议是针对你的优势和对手的缺点。

有人认为建立信任的过程，是不断努力让对方反复排除自己不是坏人的过程。至于如何排除，有哪些关键点，该做什么事，达到什么程度和效果，可划分几种途径：递进型、反复型。

## 六、新形势下信任维护

在新形势下，获取信息的广度、速度均有质的提高，具有广域性、跨界性、普惠性、共享性。建立信任的工具有很多选择，并找到适合对方可以接受的方式。但是破坏性、安全性也是前所未有的，一条短信、一页微博、一句留言、一幅图页，将会让你万劫不复。

在新形势下，需要从多维度最大限度地理解客户的背景，为客户创造更大的价值。运用数字化的自动化营销平台，利用数字技术寻找并维护客户，随时随地与客户进行智能化交流。支持个性化服务，创造出有差异化的价值主张，打造深入内心的客户体验，提高服务质量，提供个性化体验，个性化优惠服务、定制服务。

### （一）信任的建立

信任的建立是要花时间的，是需要过程的，总体上讲，需要由相知到相依再到相随。整个过程需要耐心，需要细致的思考和判断，需要察言观色，不可妄为。基于信任，无论是外部要素的市场结构，用户满意度，还是内部要素中的盈利模式、经营效率、组织效率、边际效应，都能促使成交概率不断升高。但唯独缺点是基于信任需要更长的时间培养，要拒绝功利主义的商业文化，要忘掉外面一切事物的喧嚣。需要以更专注、更淡定的心态沿着自己的心路前行。作为销售人员，以打磨自己的心性为根本，成功也好，挫折也好，都是你的功课，每个人因为自身条件的不同，都会经历不同境遇和机遇，最根本的还是要唤起自己内心那颗纯真的心，倾听客户的声音，了解客户的需求，共同承担与担当。

信任的维护不是简单的请客吃饭。建立信任从来不是为了搞关系而搞关系，是为了实现价值，便于在业务流程各阶段人际关系的协调，让你能有一个不断试错的过程，不断投石问路，最终找到客户的价值和需求，让你来创造价值或者传递价值，最终建立一种价值信任关系。

信任关系的建立、发展、维护是以价值为目的的，销售中没有价值就没有关系，销售就是为客户创造价值，挖掘并实现客户

120

的需求。推进关系行动计划应该以创造价值或者传递价值为目标，根据回报额度来确定投资大小。在不同阶段，其价值不同。

（1）项目前期，建立信任的目标在于给你一个与对方接触及进一步推进的机会，打开一扇门。

（2）项目中期，建立信任的目标在于取得一种力量，发展支持自己的力量，让该力量变大变强变多，建立价值创造和传递的保障。

（3）项目后期，建立信任的目标在于介绍重复购买，实现价值创造和传递。

信任如同一张皮，让对方给予你合作的机会，至于销售技巧，是这张皮上的毛，你若做不到值得别人信赖，销售技巧都是无效的。换句话说，只有在与对方建立了信赖之后，销售技巧才能辅助你并加速成交。

信任建立的最大现实意义是让你有一个不断试错的机会。

### （二）信任的维护

公司 80% 的利润往往是公司 20% 的客户创造的，所以信任的维护对于公司持续运营有非常重要的意义，可以吸引、维系客户，建立客户忠诚度，赢回流失的客户。在新形势下，信任的维护可以借助社交平台、协同办公、数字营销、新媒体去培养客户的忠诚度。

客户的忠诚度表现在态度和行为方面，主要表现在以下方面：

（1）满意度较高。不仅限于价格满意度，也包括整体购买满意度。

（2）重复购买。偶然购买过渡到重复购买，再从重复购买到必然购买成为自然而然的选择。

（3）自愿向第三方推荐或者进行宣传，甚至让客户帮你销售。

（4）比较容易接受升级换代，进行相似购买。

信任的维护是平时要多走走，多联系，多分享公司做了什么项目，公司最新有哪些进展，开展了哪些活动，包括自己、公司、公司产品、政策、案例、行业等方面的发展与变化。具体有以下方法：

（1）情感维系，深度公关。要与客户建立层次型客户关系，除对企业中的支持者继续加强情感维系外，还要对企业中的支持者进行深度沟通和公关，增进情感交流，建立稳定关系。

（2）贴身服务，创造价值。要重视和加强售后服务，在为客户提供标准化、流程化、人性化服务基础上，在成本可控前提下，为客户提供超越期望的服务，让客户感到为他创造了更多价值。

（3）动态关注，把握需求。建立客户动态化档案管理，加强内线联系，随时把握客户运营信息，第一时间掌握客户需求动态。并根据客户需求第一时间为客户提供解决方案，屏蔽竞争对手。

（4）分类管理，主次有别。根据客户对企业的贡献度，将客户分类，对不同类别客户进行不同资源配置和服务策略，为客户提供个性化服务和定制化销售。

（5）处理投诉，增进关系。销售人员要以正确心态面对客户的投诉，以积极、共赢的策略解决投诉，提升客户的满意度，强化客户的忠诚度，创造新的合作机会。

信任的维护以下几点需要注意：

1）不要做过高承诺。如果销售人员为了销售产品做过高的承诺，但后来实现不了或者兑现不了承诺，客户就会不满意。谨慎承诺是超越客户期望第一个原则。

2）积极倾听客户的意见反馈。好事不出门，坏事传千里，解决客户的抱怨，做好售后服务。

3）帮助客户解决问题。一般来讲，客户没有100%满意的，一定会说出几条不满意的地方，当客户讲的时候，销售人员一定要仔细倾听。想办法在公司内部解决这些问题，用公司非常正规的信纸写上是怎么帮助客户解决的。

4）维护频率。联系方式、联系间隔，要与客户合节拍，特别要理解解决问题需要多长时间，有哪几种阶段，每个阶段会遇到什么问题。客户遇到问题要给予帮助。

5）口碑相传。客户满意是销售人员最大的证明。客户将信任传递出去，让更多的人与你合作。

# 第六节　导入敏捷模型

## 一、竞争策略

当今的销售市场竞争激烈，原因有许多方面，主要是同质化严重造成的。

### （一）了解竞争来源

竞争是各方通过一定的活动来施展自己的能力，为达到各方共同的目的而各自所做的努力，而且竞争行为仅存在于同类商品的供应之间（罗伯，1907）。通常情况下，竞争主要源于以下几方面：

（1）同行供应商。针对建设方的同一需求而提供解决方案、产品、服务的多家供应商。

（2）建设方利用内部资源自己实现和解决需求。利用现有部门或者专设部门来实现建设方自己的需求。

（3）挪用预算，把预算用在其他方面。这个也常见，把买设备的钱用来买汽车，降低需求解决的紧迫度，等等。

（4）腰斩。这比前三种更可能遇到，客户不执行预算，将需求搁置。

遍历各种竞争来源，了解该竞争来源中存在的竞争方案的基本情况以及背景、优势、劣势。

### （二）竞争判定与分析

（1）竞争对手信息是否全面、具体。

当前市场上有哪些同类供应商、相关供应商，历史市场占有率如何，供应商内部管理文化、产品竞争力、市场开拓能力是否清晰，市场管理者风格，与客户关系信任度，等等。当前有哪几家公司与客户接触过，主要领导与竞争对手交流程度怎样，原来有合作的竞争对手存在哪些不足，特别是有无最关注、最头疼的问题未解决，哪些问题一直没有解决，这些问题的具体内容是什么。

竞争对手与客户的信任关系是否根深蒂固，客户是否完全满意。若根深蒂固，则留意观察，注意变化，变化就能带来商机。

竞争对手的产品、服务、价格成本、差异、优缺点是否清楚。

（2）确定你的定位。

通过"陶醉—恐慌连续体"工具找到自己的定位，看是否与竞争对手拉开差距。

（3）评估交付分解线。

判定你的交付分解策略是否和竞争对手有区别。针对客户确认的需求，全面评估主要竞争对手，重点评估交付物的优势和劣势。客户是否认为这是优势，是否重视你的优势，是否会把你的不足和缺点拿来放大。

你的交付物客户是否认同，是否和客户达成一致。你的交付物是否与客户的痛苦（或者需求）建立连接。

差异化策略是否得到客户认同，竞争化是否让客户建立起对你的信任。你的差异化策略是否准确传递给客户，是否给出客户选择你的理由。

（4）评估评估确认线。

该客户是否是理想客户，资源投入是否值得。

是否建立了自己的内线、同盟，是否找到合适的合作伙伴。竞争对手内线是谁，竞争对手的支持者是谁、反对者是谁，竞争对手还有哪些人员未能全覆盖和接触，拒绝和防备心理的人是谁，客户中是否有人不关心和不参与竞争对手的合作，客户中是否有积极性不高的人员。

决策链上的购买影响者是否全部覆盖，决策链中购买影响者谁和谁有相关的集合与交集，我方若还有很多角色未接触，是否需要组织决策链上的人员做调研、培训、考察，以便于做深入接触和了解。

是否找到了比竞争对手更多的隐性需求，是否建立了自己的差异性优势，我们的优势是否有变化。

（5）评估进程迭代线。

客户是按照竞争对手的节奏在推进项目，还是按照你的节奏在推进项目，客户进入下一个环节是否和你一同进行。

你的进程迭代策略是否有竞争力，迭代策略是否取得客户的支持，客户是否认同，客户是否给予行动承诺。

进程迭代策略是否符合客户的决策过程，是否与客户的决策过程保持一致，若有分歧时，将运用什么方法达成一致。对于关键节点，是否有突破的方法，是否找到一条通往最终成交的路径，是否寻找并发展出依赖的节点。

进程迭代策略执行后，是否有利于提高自己的定位。

（6）评估资源成本线。

当前所拥有的资源有哪些，是否足以支撑进程迭代策略，还需要协调、借用哪些资源，如何调用这些资源，计划达到什么效果。

（7）评估客户其他选择。

预算资金是否被挪用，客户对需求的态度，是否会将需求扔进"垃圾桶"或者搁置。

客户是否自己解决，还是委托供应商来解决。

### （三）面对竞争

面对竞争，首先要知道你的差异性优势在哪里，聚集差异，时刻盘点你能掌控的因素有哪些，不随竞争对手起舞，重点关注你的顾客，针对顾客的需求你能做什么！销售人员常犯的一个毛病就是看竞争对手在客户那里做了什么，回来要求公司作出什么，还要求做得更好。

面对竞争，要坚守敏捷宣言的"四个核心价值"和"十二条原则"。销售之中唯一不变的是"变化"，敏捷销售拥抱变化，响应变化，强调"人"的因素，以人为本，强调合作，强调互动，及早发现问题并解决问题，以优制劣，以强补弱，将风险降到最低，将实力放大到最好。这也是敏捷销售有强大竞争力的原因。

面对竞争，坚定相信自己，引导需求。时刻考虑对购买影响者是否全覆盖，重新审视、研究他们，满足不断变化的需求。

面对竞争，应竞争、合作两者兼顾。在销售中最为常见的策略就是没有取胜的可能后采取合作策略。

## 二、时刻清楚自己的定位

在项目生命周期中，销售人员要不断评估以下信息：

（1）当前定位。

（2）缺失哪些信息，如何搜集。

（3）需要怎样的分析与指导。

### （一）陶醉—恐慌连续体

定位是指在客户中的定位。找到销售人员在客户心目中处于一个怎样的位置，客户对你的评价是重要的，这是销售的出发点。只有清楚目前所处的位置，才能知道下一步要去哪里。

检测当前定位的工具：陶醉—恐慌连续体。陶醉—恐慌连续体由国际知名的营销专家史蒂芬·E. 黑曼提出。若对结果肯定，具体可细分为：陶醉、自信、安全、舒适、良好；对结果不肯定，具体可细分为：顾虑、不舒适、担心、害怕、恐慌。还有公司对定位进行量化管理，导入百分比和正负极综合指标来描述自己所处的位置。

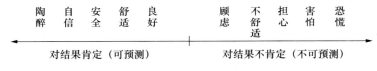

图 2－20　陶醉—恐怖连续体

客户拒绝了要赶快停下来，弄清你在哪里，处于什么位置，然后冷静分析，总结为什么不被客户接受，对方拒绝你什么，不要一个错误接着一个错误，参考路径策略，运用图示法，重新规划一种路径，换一个入口。定位需要评估的因素有：

（1）项目处于销售的什么阶段，是否立项、预算是否到位、项目启动时间是否确定。

（2）项目的紧迫状态、紧急程度。

（3）在竞争中所处地位和排名，与参与此项目的竞争厂商的历史输赢记录。

（4）销售对象是否是公司理想客户，是否是公司重点突破的行业客户、有影响力的客户。

（5）当期或者潜在金额巨大的项目，对组织业绩有多大影响。是否了解客户所有的采购影响者，是否与每个人进行了接触，对你的态度如何，是否认同你的交付物等。

确定定位的步骤为：

（1）针对客户和具体交付物分析当前定位。

（2）下一步目标定位。

（3）确定哪种定位最能确保目标实现，并确定该目标的进程迭代策略。

（4）实施进程迭代策略。

定位、下一步目标定位、进程迭代策略，可以不断测试与修正，若执行了进程迭代策略，尚未到达下一步目标定位，有几种原因：可能是目标定位不正确，可能是进程迭代策略不正确，可能是执行不正确。分析具体原因后再进一步修正。

定位贯穿于项目管理整个生命周期并不断变化。定位的要点包括以下几点：

（1）对自己要诚实。销售要忠于自己内心的感受，一个项目能不能成交，何时成交，答案就在销售者心里，感觉是骗不了人的。有时由于项目关系重大，谁也不愿意提前出局，谁也输不起，所以过早进入心理防御状态，听不进去对自己不利的消息。当对项目情况不清楚，又从内心抵触对自己不利的消息时，往往假设局面对自己不利，并把假设当结论，去猜想，当项目呈现风险时，来编造谎言欺骗自己、欺骗公司，不能实事求是看待问题。其实，内心早已有了预感，只不过没有勇气面对，自欺欺人而已。

（2）定位于"陶醉"、"恐慌"均是一种危险状态。"陶醉—恐慌连续体"与"信任度连续体"是有区别的，"陶醉—恐慌连续体"包括两个方面，客户对你的态度和客户对项目的态度。

**（二）信息综合体**

敏捷销售一直强调角色全覆盖，信息不要有"孤岛"。全面盘点信息综合体，其有以下要素：

（1）定位信息。以诚实负责的心态，参照"陶醉—恐慌连续体"进行分析和判断，找出当前定位。列举项：陶醉、自信、安全、舒适、良好、顾虑、不舒适、担心、害怕、恐慌。

（2）交付分解线。通过分解策略，明确打算卖给谁、卖什么、卖多少钱、准备什么时候成交。客户的需求，其迭代次数、交付线、项目规模，分几期建设与交付。

（3）竞争。竞争对手有哪些，竞争对手基本信息，长处、短处，机会分析。

（4）评估确认线。客户基本信息，营业收入，经营范围等；客户角色，该角色有哪些人员，其基本信息，包括姓名、职务、位置；影响程度；反应模式，客户认知变化，结果、赢，如何覆盖这些角色；是否赢得对方信任，评估信任度处于哪个阶段。

（5）风险与实力。有哪些风险，哪些实力，特别是独一无二的实力，差异性优势。

（6）资源成本线。有哪些资源，拿下这个项目需要哪些资源，还需要协调、借用哪些资源，如何调用这些资源，计划达到什么效果。

（7）进程迭代线。包括可能的行动、最好的行动分别是什么。

信息综合体强调完整性、实时性。信息综合体贯穿于项目管理整个生命周期，保持不断更新状态，包括结构化数据与非结构化数据。

### 三、修正弥补客户评估线

姚文是医院影像系统供应商，得知有商机后，检索到本公司的销售资源，找到区域代理商在该医院有一个合作伙伴，合作伙伴去年向这家医院提供过一台CT设备，其价值1000多万元。

姚文拜访合作伙伴李总，由于原来有一次项目合作，开门见山地表明来意，看对方有无项目合作意愿。李总负责提供商务关系维护及回款，供应商负责产品、服务提供与实施。

李总表示认同，并希望姚文做好商务合作与技术支持。

合作伙伴的管理有三个方面的内容：第一，合作伙伴选择与建立信任；第二，项目合作；第三，日常维护。详见"V"模型合作图，见图2-21。

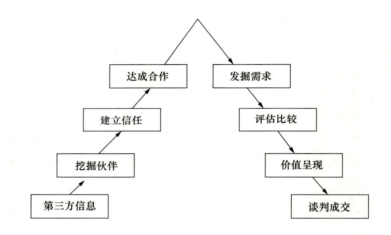

图2-21 "V"模型合作图

## （一）"V"模型合作图

"V"模型合作图左半部分主要是寻找合作伙伴，右半部分主要是项目合作。图2-21清楚地揭示了合作伙伴价值的选择、传递与创造。

（1）第三方信息。第三方信息有很多种类型，如某个项目资源，某个招标中标项目信息，某个历史项目，甚至一次简单的拜访，一次聊天，均可能挖出一块金子。

（2）挖掘伙伴。通过第三方信息挖掘合作伙伴，了解合作伙伴价值和操作能量，找到待成交项目或者合作伙伴。

（3）建立信任。

先建立认同，让对方认同你本人，认同你的公司，认同你的产品。

资格审查与选择。公司经营情况（经营规模、营业总收入、纳税情况）、企业信誉、商务能力与资源、行业经验、合作案例、有无专人或者团队负责对接。

建立信任关系。让合作伙伴知道你提供的产品是什么材料做的，采用什么架构。弄清楚后，才有底气、有准备。只有技术可行，经济可行，社会可行，才能推广产品。

（4）达成合作。先是有合作意愿，才有合作分工；明确合作方式及双方责任；明确各环节所需要的时间和需完成的事务；界定利益分成。

探询对方合作意愿前，要问对方有无合作伙伴，若已有合作伙伴，则放弃这个项目，把精力、资源放到其他项目上去。

如何判断自己是否是对方的合作伙伴，其标准就在于你是否存在被替换的可能，或者说你的差异性优势是否得到别人认同，对方的利益能否得到保证。

还有其他情况：对方没有意愿，没有兴趣，你说自己的优势时对方没有兴趣听的，这种合作伙伴建议放弃。

**（二）日常维护**

知识的转移和业务指导。合作伙伴虽然知道有项目，但他不知道建设方案，没有产品，没有实施能力。合作伙伴针对市场上的现象有时自己不能把控，要给予技术支持。如合作伙伴能拿到订单，不懂代码、不懂架构、不懂业务、不懂行业知识，这些需要你进行知识转移，提供技术交流与培训，资源支持。

线索提供，项目报备。实时提供销售线索，商机挖掘，签订合作协议，保障双方利益，投入资源，共同推进。做好优势互补，明确目标，共担风险，共享收益。

合作伙伴管理事项：

（1）合作开始时要确定合作协议书。协议书内容包括界定双方的分工，利益分配。协议书要严谨和客观。

（2）设定定期会晤的时间和节奏。

（3）在技术方案中，要加入公司的竞争力。

（4）拟定排他性条款，共同绑定。合作伙伴可能会找其他供应商，可能因为你提供的利益不够。要事先确定好区域性、市场性销售策略，并以市场成熟度细化到合作政策上，如对于刚开拓的市场，其让利可能多一点；较成熟的市场，其让利可能少一些，万不得已的情况下做一些妥协。

合作伙伴不断找项目，我们负责项目落地，若我方不能实现客户的需求，不能验收不能回款，则合作伙伴将来有什么项目，可能再也不会找你了。与合作伙伴合作的优势是让项目落地，能让对方赚到钱。客户的要求实现不了，迟迟不能验收，客户哪还想和你绑定在一起？

合作伙伴首次拜访要点：

（1）相互介绍公司、介绍公司案例、公司产品；介绍自己；对方的市场定位，项目的一般介入时间，双方如何配合，有无类似合作经验；需要什么支持，对什么较关注。

（2）找交集、找共同的东西，找互补的东西。

（3）交代下一次的行动承诺；针对交集，下次各自准备什么；为了表示诚意，可邀请客户到公司考察；摸清人的需求；满足别人；呈现自己的优势；合作模式。

（4）后续沟通方式，一般什么时候较合适，双方联系人。

（5）初次拜访的结果，行动承诺：本次是否条件达到合作的要求；否则继续保持联系，待后面的商机。

### 四、导入敏捷模型

导入敏捷模型，以评估线为中心，以自己的定位为基础，权衡资源成本线、交付分解线、进程迭代线，规划好前进路径，达到最终目标。

1. 前期工作

（1）项目信息。

包括项目名称、客户名称、客户背景、所属行业。客户是否为集团企业，客户的业务成长阶段与成熟度，客户业务在市场竞争中的地位，销售对象在集团内的业务属性，客户是否理想。

（2）定位。是否知道在客户、用户心目中的位置，是否有第三方提供相关信息，目前自己处于什么位置。

（3）交付物。包括销售对象是谁，打算卖给客户什么、卖多少钱、什么时候成交。

（4）评估确认线。

①确认角色。是否找到内线，是否全部覆盖。内容包括：安排合适人员接触，如找公司老板、技术顾问、实施工程师等，有无合理的商业理由与对方取得联系。

②确认每个购买影响者的反应模式。

③确认每个购买影响者的结果与赢。

（5）竞争能力和水平。

产品及所带来的附加值，是否能让产品、服务、方案独一无二！当前存在的劣势用哪些优势来引导以至共赢。

（6）理想客户评估。是否为理想客户。

（7）资源管理。可动用资源、利用时间、效果目标、优先级。

2. 实施敏捷模型

（1）制定路径节点策略。回顾总体形势，列示客户的关键

133

诉求，评估风险与实力，找出优势与劣势。

列示各种可行策略，需要有多条路径可供选择，不能过时，时间跨度不能过长，能通过可控制频率来完成。

确定路径节点策略。检查计划是否有可逆性、可追溯性，一份较优的行动计划是可塑的、可衡量的，有具体目标和任务，能落实到负责人，有具体时间节点和相匹配的资源。如图 2－22 所示。

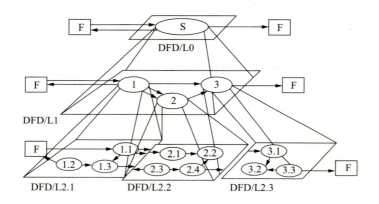

图 2－22　路径节点

（2）制定评估确认线策略。

制定内线培训、引导、发展策略，制定 EB、UB、TB 应对策略，制定 EK、OC 应对策略，列示每个角色下一步具体目标与行动计划，检查行动计划顺序。

是否能达成双赢，计划是否可行，要达到什么目的和取得什么效果，计划减少或者消除哪些风险，取得什么承诺。

（3）制定资源成本线策略。

管理资源。列示资源表，列示可动用资源及动用方式，列示资源动用成本及难易度。

部署资源。列示针对每个角色目标与行动计划，匹配面向具体角色目标与资源的有效性，制定资源使用计划，检查资源的有效性与成本。资源是否与行动相匹配，执行该计划相关人员是否有能力完成或者胜任，是否还需要其他人员支持，是否需要更上一级人员支持，时间是否允许。

协调资源。申请资源协调与调动，调动资源执行计划。

（4）制定竞争策略。

检查竞争对手。列示竞争对手基本情况，优势和劣势。

判定竞争地位。客户每个角色对竞争对手的反应与支持度，判定关键角色对供应商的排位。

检查竞争策略。回顾总体竞争策略，修正行动计划与资源策略。

（5）更新信息综合体信息及定位信息。

还需要哪些信息，需要减少哪些不确定性信息。

3. 评估敏捷模型效应

（1）再次评估并更新定位信息。执行该计划后的定位能否向好的趋势发展。是否能减少压力、不适、不确定感。

执行策略计划后，其风险是否减少，自己是否能排在第一位。

（2）不断优化进程迭代策略，继续寻找可能存在的风险。将风险变成机遇，行动若不能有效改善定位，行动计划必定存在问题。

进程迭代策略的执行，是否取得了客户的行动承诺，甚至最差行动承诺。承诺是否兑现，是否给了机会。

制定敏捷销售策略，主要做两件事：一是清楚现在的定位；二是策划一些小事件，发挥优势，抑制劣势。知道自己实力是什么，自己的风险是什么，如何利用长处抑制短处。

（3）是否覆盖了全部角色，是否与评估线上的人员建立起信任关系。

（4）更新信息综合体信息。

## 五、敏捷模型分析

敏捷模型分析，要有"无我"意识，不带个人情绪、阴影、焦虑，面子、利益、侥幸等因素，客观分析，不要慌不择路。

必胜是不可知的，必败是可知的。销售没有百步穿杨，只有一跃而起、一起而中。每一步均有系统性、全面性，而且具体，敏捷模型分析如下：

### （一）遍历检查信息综合体

销售中99%的工作是搜集信息，1%的工作才是决策。拿来一个商机，不知是放弃还是坚持；在持续的跟踪中你不知道下一步做什么，以什么为重点……若不知下一步去哪里，或者不足以支撑你的销售决策，说明搜集的信息量或者信息量的组成不够，还需要继续搜集。

销售中做出决策不难，难的是支撑决策的素材信息即信息综合体，主要包括：

（1）交付分解线。交付物是否清晰，打算卖给谁、卖多少、预算多少、计划什么时候成交。针对客户总体需求，要明确迭代次数、交付线、项目规模，建设与交付。

（2）评估确认线。评估主体，评估主体角色，实施该角色人员，人员基本信息，包括姓名、职务、位置；人员的影响程度及变化；反应模式，客户认知变化；结果；怎样覆盖这些角色。

（3）风险与实力。有哪些风险，有哪些实力，如何以优制劣化解风险，壮大实力。

（4）资源成本线。当前拥有哪些资源，如何管理，项目需要哪些资源，如何协调、借用这些资源，申请运用的资源与对方接触是否合适，资源运用能达到什么效果，资源运用是否会得不偿失。

（5）竞争。竞争对手基本信息，竞争策略，SWOT 分析，差异性优势，依赖节点，如何重塑决策流程，如何影响对方的决策，竞争策略的运用是否能达到提升自己的地位。

（6）进程迭代策略。通过现实分析，还需要搜集哪些数据，需要花费多大代价取得这些数据。下一步如何行动。

## （二）评估确认线

（1）角色与影响力。是否能标识出所有购买影响者，购买角色是否清楚，扮演各角色的人员是否对应，上述角色是否有遗漏，是否全覆盖，若还有很多角色未接触，是否需要组织决策链人员做调研、培训、考察。

（2）反应模式与支持程度。评估主体是否了解对当前销售状况的感觉和体会到的差距，是否考虑每一个购买影响者的个人想法，是否喜欢把大部分精力放在喜欢的人身上。当前判断是否正确，决策流程是否和对方的决策流程同步，是否有独特的优势被对方认同。是否需要申请公司组织团队，怎样满足系统性需求，是否知道最核心诉求有哪些。

## （三）定位

定位是解决销售中"你在哪儿"的问题。定位分析发生在打算做某件事情前，或者打算投入资源前，便于进一步明确你处在哪一阶段，自己在做什么，做的目标是什么。

定位信息来源于以下因素：

销售对象是否为理想客户、公司重点突破的行业客户、有影响力的客户，当期或者潜在的金额巨大的项目对组织业绩有多大影响。项目处于哪个阶段。

是否了解客户所有的评估者，是否与每个人进行了接触，对方认同哪些方面。对方对你的印象怎样，对你的产品或者方案怎么看，他们怎么比较你和你的对手，是否知道在每个人心目中你的排名，他们想买什么，是否知道用你的产品和方案要达到什么目的，对方买的需求是什么，对方能否现在签单，有无案例，是否对你有疑虑，是否对你有信心。

通过上述分析，若定位不理想，需要做哪些改变才能达到理想状态？

### （四）风险与实力

销售就是变不确定性为确定的工作，一开始不知道这个项目是谁的，到最后变成你的，所做的最重要工作就是一个排除风险的过程。沿着这个方向前进，也就是沿着正确的方向前进。

首先找到你的实力。实力来源包括产品、方案、服务、价格、品牌、公司、客户关系、关键角色支持度，等等。所有能与竞争对手区别开来，并能有效推动我们在销售中位置，降低价格敏感度的要素都是优势，也是制定策略的基石。找到实力后，要验证这些实力是否被客户认可，哪些实力还可以建立和加强，客户是否认为这是实力与优势，客户是否会把这个优势当回事，是否会抓着你的不足和缺点大做文章，客户当前不认同的理由是否很牵强。

### （五）进程迭代线

评估主体一旦确立需求，销售员一般是不能再改变的，但销售人员可以改变评估主体的购买顺序、批次，解决问题的顺序，可以引导对方先买什么后买什么。这些顺序、批次构成方案的一部分，销售人员可设计出不同的方案，通过设计、引导采购的顺序，拉开与竞争对手的距离，稍稍调整购买的顺序、批次，实力可能会被放大，轻松甩开竞争对手。

通过改变评估主体的购买顺序、批次，加速进程的迭代，提高客户满意度，建立良好的信任关系，达到事半功倍的效果。在单个项目成交周期中，销售人员改变不了评估主体的决策速度，不能跑到评估主体前面，更不能落在后面，必须与评估主体同步

138

进行。

进程迭代线首先要求评估成交顺序、批次是否清晰。先卖什么，后卖什么，评估主体是否先形成利于我方的评估意见。

其次评估进程迭代线是否可行，进程迭代的本质是以弱制强，迭代策略是否能弥补不足，客户是否认同，策略运用是否有效，策略运用是否满足客户需求。

最后评估资源策略是否足以支撑分解策略的执行，路径策略是否能打通整个过程。

### （六）交付分解线

交付物是否具体，数量是否明确。交付物会涉及哪些部门，要实现、解决或避免什么问题，什么时候解决这些问题，需要什么样的功能和特征，等等。

采购方是否有足够预算，打算卖多少钱。什么时候成交，什么时候确定供应商，什么时候完成投标、签合同、付款、验收，这些时间是否具体。

交付物是我的认知还是评估主体的认知，对方是否确认过。

客户存在哪方面的差距，能解决什么问题。

### （七）资源成本线

公司内部是否同意你操作这个项目。对这个项目，上级态度，上级期望的结果，是否已报备，领导什么意见，具体策略是否和领导讨论过。若确定你来操作这个项目，其意义是什么，目标在哪里，操作期间会不会换人，公司内部有谁支持你，是否创造了相关条件，可以动用哪些资源，等等。

申请资源的方向和目标是否清晰，调用时机是否合适，申请资源想达到什么目的，正在进行的事情是否与申请资源有联系。运用这个资源的任务是什么，要面向哪个角色，解决哪些具体问题，达成什么目标，要达到什么样的效果，专家与客户关键人员的社交风格是否吻合，等等。

申请到的资源是否与客户要求相适应。满足客户需求，并有效提出问题，引导客户正视现实，而不是以专业知识或经验给客户泼冷水。

该资源是否能控制客户现场沟通的进程和效果，是否能听到项目情况、客户声音。

评估主体内部资源是否能调动，是否能"为我所用"，是否能请评估主体向第三方作协调，评估主体是否愿意协助这件事。

收益是否达到公司销售政策要求的利润，收益多少，成本多少？是否满足客户要求的期限，等等。

### （八）竞争策略

交付物是否和竞争对手有区别。如果有区别，是否有互补性，是否能合作，若没有区别又没有互补，要进一步分析差异性是否明显，是否需要进一步挖掘需求，是否需要请求第三方支持。

是否建立了自己的内线，客户倾向谁，谁会进入下一轮。

竞争对手信息是否清晰。有哪几家供应商接触过，竞争对手基本信息是否了解，竞争对手与决策链中的关键角色交流感觉怎样，有无与客户合作的历史，合作历史有多长，原有供应商有哪些不足。

竞争群体中你属于哪一种类型？与客户进一步成交是否能提高市场份额。

竞争对手是否了解更多的隐性需求，优势是否有变化。

评估主体是按照竞争对手的节奏推进项目，还是按照你的节奏，客户进入下一步的节奏是否和你一同进行。

# 第三章　销售重构

伴随着新技术的迅速发展，信息技术产业也在悄然发生变化，信息技术从支撑企业发展的基础职能，随着互联网在商用场景中的不断延伸，它的定位和职能也在不断重新被定义，原有的 Information Technology 转变成 Intelligent Technology。这些变化带来了新的方法、新的流程、新的体验。

伴随着新技术、新经济的出现，信息的连接性、交互性以及使用者的体验不断迭代，行业越来越垂直、协作越来越宽泛，合作越来越跨界，销售活动也将出现新特点、新变化。面对多元化的销售环境，借助敏捷销售模型，通过进程迭代线、交付分解线、资源成本线、评估确认线中的相关策略和原理，让销售人员能化繁为简，找准局部以弱胜强的切入点，重新定义客户，重新定义需求，重新定义价值，重新定义解决方案，让你掌握成交先机，从一个胜利走向另一个胜利，掌握美好的未来。

有关进程迭代线、交付分解线、资源成本线、评估确认线的内容在第二章已介绍，本章重点介绍敏捷销售模型区域：发掘需求、评估比较、价值呈现、谈判成交等内容，将新技术、新经济、新观念与销售方法相结合，重构人、技术、销售的连接，走好销售范式的每一步。

# 第一节　寻找客户

## 一、客户新形态

销售员陈红是婚纱照公司业务员，公司找客户的主要方式是利用节假日，在马路上拉一个棚，放几张圆桌、影集，供来往少男少女们浏览。若有需求，交少许定金，签订一份合同，就算是找到客户了。

陈红按这种模式销售了一段时间后，工作没什么起色，于是开始分析客户分布，研究客户特点和规律。回顾拍婚纱照，新郎新娘会到民政局登记。

陈红跑到民政局，蹲点守候前来办理结婚证的新娘新郎，不到一个月，销售业绩立马就甩开同事，后来还雇用自己的朋友干。再后来将线索范围扩大到家具商场、婚姻中介等。半年下来，陈红一个人的业务就占整个公司的80%。

该案例通过基本特征寻找客户，可按下面步骤进行：

（1）行业链分析。通过基本特征的扩展，完成行业链设计，该案例通过"民政局结婚登记—拍婚纱照—结婚"行业链来寻找客户，找到客户精准营销定位。另外，还有通过关联行业，比如"购置家具"、"购买婚房"来寻找客户。通过行业链及关联行业还可再扩展到整个生态链，将会寻找大量的客户。

（2）客户基本面分析。通过相关途径，了解客户基本情况、经营指标，了解客户的供产销，知道客户所在领域，知道客户的供应商，业务覆盖面，经营人员，了解客户行业链条。

（3）行业目标客户分析。了解目标客户市场总额与规模、份额、最终客户数量，客户分布状况。分析客户行业位置，公司行业所占比重。评估公司有无全套产品线，有无固定的经营团队，有无专业的行业知识库，有无完整的营销模式和盈利模式。

（4）市场细分。将目标市场细分，进行细分是销售员对客户累积的一种手段，市场上哪个层次喜欢使用我方产品、服务，它们有什么特点。

市场细分为响应的方式、速度、资源、时间等。

细分可以有很多原则，最常用的是进行行业细化，如可以参考《国民经济行业分类》（国家标准，于 1984 年首次发布，分别于 1994 年和 2002 年进行修订，2011 年第三次修订。该标准（GB/T 4754 - 2011）由国家统计局起草，国家质量监督检验检疫总局、国家标准化管理委员会批准发布，于 2011 年 11 月 1 日实施）。

（5）市场策略与商务拜访。了解销售市场目标及客户信息，要制定市场开拓策略，进行营销、销售、售后、实施等全方位合作与分工。

重新定义客户基本特征后，开始导入信任度连续体模型，借助新技术，开展信任的建立与维护，培育成目标客户，以备客户长期的"生态"经营。

## 二、客户拜访与重构

### （一）了解接近

首先对自己树立信心，要有敢于和人打交道的勇气，而且能同不同层次、不同性格类型、不同风格的人员打交道，不要怀有恐惧感，不要怕被人拒绝、怕被怀疑、怕被误解、怕丢脸。

了解顾客更多背景，搜集顾客全貌信息，包括对方兴趣爱好等。

准备工作做好后，需要设计好合理的商业理由，进行约访。在商务活动中，销售员最胆怯对方与自己角色不对称，年龄不对称，阅历不对称，不敢敲领导门，见了面不敢说什么，也不知说什么。下面的案例有一个对比：

某部委有三家供应商，同时向某部委所属医院供应药品、器械、节能产品，他们均知道卫计委领导下班后要用电梯，于是想借此与领导认识。

药品供应商销售员小张，打听到某部委主任上下班时间，了解到乘电梯的大概时间，他也在这个时候坐电梯，希望能遇到主任。节能改造供应商销售员小陈详细了解主任的奋斗历程，了解到主任毕业学校、家庭成员、人际关系等问题，精心设计了几句简单却有分量的开场白，算好时间乘坐电梯，跟主任打过几次招呼后，终于有一天跟主任长谈了一次，双方初步认识。

器械供应商销售员小李了解了某部委主任的个人情况，包括生活、工作、情感等，得知某部委联合下面某附属医院申请国家级疾病监控实验室。由于专家人数、资历不够，向国家卫生部申请没有批复下来，其中实验室关键设备尚未拿到配额。小李得知该信息后，向公司反馈，公司协调到中科院专家、国家重点院校领导，通过与某部委主任预约，并组织了学术论证、考察、答辩、申报，最后医院得到国家卫生部批复。通过协助附属医院申请到国家级疾病监控实验室批复，小李成为某部委座上宾，该附属医院还指定小李所在公司作为附属医院关键设备单一来源供应商，该区域基层医疗信息化提供商。

通过案例分析，了解接近客户需要系统性策略，其要点如下：

（1）了解客户的需求。了解客户为什么会有这种需求。

**144**

若确实不知道客户需求而又必须接近他，可以通过客户职位背景，同行业、同岗位人员遇到的问题，将这些带有共性的需求去沟通。还可以找一些比较熟悉该行业的朋友了解，把后果考虑在前面，这样成功的百分比就提高了。

（2）客户的首次接近，不仅要准备开场白，还要准备精准问题，设定目标，推进销售进程。

找一个好时机，对方觉得必须考虑这个事情了，就可以上门拜访了。

（3）设计有效的商业理由。首先确定并判断对方项目处于什么阶段，有哪些角色参与，然后查询不同角色在该阶段的关注点，可以为这些角色提供什么帮助，协助他们做哪些事情，现在预约的客户是什么角色，在现阶段可能会遇到什么问题，会关注什么，把他关注的东西拿出来预约，形成较好的商业理由。

概括来讲，理由要有以下特点：第一，对客户有价值；第二，能冲击他的期望；第三，整理出正式的商业理由。

举例：

销售经理徐铁根据销售代表齐珊珊提供的客户信息，预约拜访客户。

第一个预约的客户是山海市附属医院魏院长。

"魏院长，明天希望针对医院电子病历和您关心的一些问题重点交流，听听您的想法，以便确定解决方案的关键点。第一，我们主要想听取一下您认为的方案可能存在的问题，并探讨这些问题产生的原因，共同讨论解决方法。第二，为了让解决方案能够满足您的需求，提高方案的针对性和有效性。交流这两个事项大概需要2小时，魏院长，您看这样安排，可以吗？"

第二个预约的是山海市信息中心范主任。

"范主任，针对山海市区域医疗信息化建设的想法做个交流，

145

下周不知您有没有安排？我们希望在下周三上午九点与您见面沟通一下，您看可以吗？同时进一步就山海市各医院对区域医疗接口规范做一个初步交流。"

还算顺利，两位领导都答应了他，可如期拜访。

### （二）拜访客户

拜访客户，包括拜访准备、了解客户需求、呈现优势、获得承诺、拜访评估等环节，拜访目标主要是项目的推进以及信任的建立与加深。

1. 拜访前的准备

拜访前准备，需要检查下述事项：

（1）是否赢得了对方信任。

（2）客户购买原因、客户需求是否清楚。

（3）是否有有效的商业理由，客户为什么会接受拜访。

（4）是否已经准备了较好的确认类问题、信息类问题、态度类问题、承诺类问题、顾忌类问题。

（5）准备的问题是否合乎逻辑，措辞是否得体，关键词是否恰当。

（6）引导是否符合时机，如何同客户向前推进项目。

（7）向客户提供的信息是否已经非常清楚地体现了独一无二的实力，差异性优势是否明显。

（8）是否在和客户接触中检验了在他心目中的信用度，是否努力使这次拜访走向双赢。

（9）想让客户做什么，要获得客户什么承诺，最佳行动承诺是什么，可接受的最差行动承诺是什么。

（10）本次拜访的销售目标是否清晰。

（11）是否了解客户的业务，是否了解同类产品及所在的公司、竞争对手情况，等等。

（12）项目当前处于什么阶段，是一个线索，还是一个商机。我们是否能赢，是否值得赢，如何去赢。

上述事项需要很客观地拷问自己，若没有肯定的回答，建议不要急于拜访，继续做好基础性准备工作，或者寻求第三方支持。

2. 拜访

拜访以客户需求驱动，搜集客户需求贯穿客户拜访始终，交流与提问作为主要手段，具体过程如下：

第一类：暖场类问题。

暖场类问题的开场方式通常有几种：以推销自己开场；以提出问题开场；以赞美对方开场；以赠送礼品开场；以引证别人意见开场；以展示产品开场。例如：

"领导，还有些事情需要您定调子，我们才好往下落实"，说着，张峰将一盒茶叶放到领导办公桌。"今天来，主要是进一步领会您对建设方案的意见。"

设计开场白，要做到客户无法拒绝，内容上一定要是客户熟悉的东西。开场确认可以包括沟通的时间、议题和内容，便于进一步确认你所了解和掌握的信息，让客户能专注地沟通。即使对方已经是朋友，但见面时还是要寒暄一下，不要一上来，就喋喋不休地介绍公司和方案。

第二类：确认类问题。

提出确认类问题的时机通常包括：上次沟通后到现在新出现的问题；在客户内部影响组织结构的变化；这次沟通是否按事前拟定的计划进行；客户是否为这次沟通预留了时间和精力。

提出确认类问题的目的：确认当前信息的准确性，包括客户需求、业务现状、项目状态、信息偏差等。

使用确认类问题的条件：

（1）确认对对方的拜访时间。例如：

客户同意在周五见面，但是似乎又有不妥，那么你直接说："对你而言，如果有比周五更合适的时间，请尽量告诉我。"

（2）拜访开场时要确认此刻的时机安排是否合适。若不合适，你说的每一句话客户都听不进去，客户也没有心思与你交流，充其量是应付。拜访开始准备进入正式话题前，最好把上次沟通的结论、项目状态进行确认。例如：

"领导，您好！现在接电话方便吗？"通常电话打通前要这样确认一下，因为对方可能在大众场合、可能在路上、可能在领导面前，不方便与你沟通，一定要先确认。

"现在给我半个小时，您看合适吗？"

"李院长，如果我们现在的谈话时机不合适，我们另约时间，您看怎样？"

"如果我理解正确的话，张主任，您是想总结一下我们在医院里的服务记录，是吗？"

"哦，陶院长，我看您很忙，是这样的，估计信息科主任也向您汇报了，今天希望利用半小时时间和您沟通一下咱们公司临床系统，目的是明确项目的关键需求，特别是陶院长的一些要求和想法，以便于我们有针对性地制定解决方案，您看可以吗？"

（3）了解客户需求和问题后还有几种情况在切入正式话题前，需要提出确认类问题。例如：

"李主任，您说售后服务很重要，要求提供一名有现场开发

148

能力，并有三甲医院实施经验的工程师，是吗?"

（4）在拜访阶段，需要总结和确认双方的观点，以便继续讨论，或者作为拜访总结。例如：

"陶院长，您很忙，我不多打扰了！刚才我们探讨的电子病历问题要求达到四级标准，并按最新版本安装，是这样吗？回头我们将设计一套方案，并在下周和您确认方案交流的时间，您看这样安排可以吗?"

（5）有无变化的确认。确认诊断过程中达成的共识，确认上次拜访的结论是否有变化，探索到的现状有无变化，即使客户已经做好了准备听取你发言，你也要不断用各种问题检测每个阶段的变化。例如：

"李主任，之前安排在该时段探讨解决方案，您看有变化吗?"

"这是我们计划讨论的内容吗?""对于您所关心的问题，我说到关键处没有?""现在的情况还是这样吗?""公司很关注后续备件和维修成本，是这样吗?""我理解刚才您说的是……是这样吗?"

（6）提出承诺类问题、顾虑类问题、信息类问题、态度类问题时，顺便要确认。例如：

"李院长，21 日前能否向院委员会演示这套系统?"
"我们在 3 月开始安装，请问这个安排与您的计划吻合吗?"

在沟通表达时，有些技巧可以借鉴：尽量使用现在时态表述；尽量用关键词表达；尽量让答案简单化。

第三类：信息诊断类问题。

信息诊断类问题也称基本事项诊断类问题，包括诊断现状、未来的可能性、行动方案的可行性。

信息诊断类问题主要是了解客户需求，了解客户想法。例如：

"在我看来，病历管理分为病历的书写和病历质控。这些基本信息和业务处理，现在是手工管理，还是计算机管理呢？"

"陶院长，您是说现在系统操作不方便，是吗？"

"陶院长，是什么让您觉得这个项目早就该启动了？"

"陶院长，是什么原因让您想需要病历管理呢？"

信息类问题不是直接问买什么，买多少，什么时候买，这些提问是站在销售角度上，没有站在客户角度。这么一问，在客户眼里就是位功利的推销员！忘记自己的产品和方案，站在客户的角度来提问，把自己换位成客户，客户关心什么，就问客户什么。

第四类：态度类问题。

态度类问题主要用于试探客户合作的看法、感受和情感，了解客户的个人利益、个人需求。提态度类问题需要突破客户的心理障碍，得到客户真实的回答，例如：

"您对此事的意见是什么？"

"这件事情您怎么看呢？"

"您是怎么考虑的呢？"

"您感觉怎样？"

对态度类问题，有时销售员提问以后，对方不愿意说。若让客户倾诉和他自己不相关的话，就容易多了。有时候客户倾诉之后再给予一定的倾听、理解，他们就像找到了亲人。可以从了解他现在的主要工作内容入手，例如：

"韦主任，虽然我们区域医疗一期建设得不成功，但退一步讲，现在大家知道怎样提信息化建设需求，怎样编列预算。过去还要手把手地教，心里也没底，不知多少，不知对错。韦主任，你感觉是不是怎样？现在至少把信息化建设的队伍给建立起来了。你看二期建设是怎么考虑的呢？"

第五类：行动承诺类问题。

销售拜访结束时提一个行动承诺类的问题，例如：

"李主任，下周五您负责组织财务和消毒供应室负责人到场，我们派专家进行一次沟通，可以吗？"

"陈局长，现在是不是达成一致意见，给新闻发布会定一个日期？"

"陶院长，刚才您也提到了对病历的需求看法，您看接下来是不是我们安排一个调研，把咱们病历管理现状做个分析，然后制定一个解决方案？"

"陶院长，我们对调研计划已经达成共识，周三进行现场调研，请您负责通知门诊部相关人员，麻烦您组织一下，可以吗？"

没有获得客户的行动承诺，哪怕是最低承诺，就是一个无效的拜访。

第六类：顾虑类问题。

顾虑类问题是发现未找出的问题，同时探索客户顾虑的深层

**151**

次原因，是什么原因导致客户不愿意作出行动承诺，了解内心想法与担心。拜访结束后要知道，我们帮助客户解决了什么问题，还有哪些没解决。

在客户说不时，或有客户出现顾虑时，可以提顾虑类问题，例如：

"刘处长，不方便向陈局长请示项目可行性研究报告，您有什么担心和顾虑呢？"

"云医院方案充分利用互联网、云计算、物联网，将最新技术运用到全市，当前在国内已有案例，您认为在本市推广不现实，是什么原因呢？"

提出上述六类问题时，可能会碰到其他供应商来访，也可能客户内部有其他重要事不得不提前中断拜访，要做好预案。

3. 评估与重构

（1）拜访评估。

为了推动销售，搜集到哪些信息；呈现产品方案前是否先了解客户的需求；拜访后，真正获得的信息是什么，与已经搜集的信息有什么关联。

相关提问与倾听技巧应用得怎样；是否制定了有效约见理由；准备了什么问题，等等。

创造了哪些差异性优势；客户认为哪些是我们的独特优势，这些独特优势是否被客户认同；现在的差异性处在什么水平，在差异性优势上双方获得了哪些共识，等等。

客户给出了哪些承诺，是否可行，客户的承诺与最佳行动承诺相关性多大，最低的行动承诺是什么，现在所做的是什么程度的行动承诺，客户的顾虑是什么，你是如何处理的，你的客户是否已经完成了他上次的承诺。在你离开时，他是不是又给你行动承诺。

在哪些方面推进了销售进程？积累了哪些信任？

（2）客户重构。

①遍历检查信息综合体。通过信息综合体对照，要求具备哪些信息，获取了哪些信息，还有哪些未知信息。这些未知信息在下一次的进程迭代策略如何解决，下一次的重点在哪里。

②更新定位信息。参照"陶醉—恐慌连续体"进行分析判断，找出当前定位。

解决了哪些问题，客户担心的问题是否解决，是否认为针对客户担心的问题不重要或不相关而忽视了客户的担心。是否和客户一同工作，是否展示了双赢期望，若再做一次拜访，就能完成并解决客户认为遭受的损失，那就不要放弃这个客户。

客户提出的问题是否无法解决，是否过去承诺要解决什么，是否一直未得到解决，客户是否担心和你合作，甚至你还没有察觉，假若有这种情况发生，此刻需要规划下次拜访，化解客户担心。

若不论做了什么努力，均感觉对方不配合，就放弃与这个人打交道。若对方没有双赢意愿，你得放弃该项目。

（3）评估并更新敏捷销售模型。

评估销售人员拜访效果，或者自我评估，其考虑因素有：

①是否有有效约见理由。

②准备了什么问题，问题设计是否合理。

③价值呈现之前是否了解客户需求。

④是否有效倾听。

⑤之前有什么行动承诺，最佳行动承诺是什么，得到什么行动承诺，差距在哪里。

⑥行动承诺对推进销售有多大帮助，行动承诺程度与费用额度是否关联。

⑦帮客户解决了什么顾虑，还有哪些未解决。

（4）更新敏捷销售模型。确定下次的行动计划，包括最好行动承诺，最差行动承诺；更新资源成本线，评估确认线、交付分解线、进程迭代线等。

### 三、理想客户

销售员通常羡慕"高大上"的客户，认为自己拿下"高大上"项目后，会在业内有名气，更能证明自己的本事。

销售人员从攀上"高大上"客户第一天起，就疲于奔命，投入最好的实施人员，给予最优惠的付款方式，给予最快的响应模式。使出浑身解数，但客户就是不验收，不付款，不收尾。

据行规，20%的不理想的客户，可能要吃掉公司80%的利润。

销售员后期疲于奔命的原因是未明白理想客户的真正意义，前期未做好客户评估分析，未分清理想客户与非理想客户的差异，导致后期收尾及回款困难。

在实际销售中，划分理想客户的意义：

第一，作为客户分类的工具，客户合理的分类可以让你知道精力该投到哪里。很多新销售经常为了一个很小数量的单子，跑几十趟，这样的客户签下来也是不成功的项目。

第二，判断风险和实力的工具。理想客户能让你省很多事，客户越符合理想标准，遇到的问题越少。

第三，最直接意义是：若对方不是理想客户，请尽早放弃，以免浪费资源、时间、精力，吃掉你的利润。

吸取客户吃掉公司利润的教训，项目开始时要做好理想客户的评估，评估因素有：

（1）客户信誉。市场情况非常复杂，应收款的坏账率特别高，这些坏账很多就是开始选择客户时种下的恶因。国内还有一个特殊情况，一些看起来信誉好的大型甚至超大型企业往往是欠账大户。

（2）需求匹配度。很多销售人员过于自信，总认为自己可以引导客户需求，即使满足不了客户当前的需求，也能诱使客户签单。岂不知这样做后患无穷。

（3）客户忠诚度。一些客户对供应商的选择和更换非常随意，甚至没有评价标准。

因素评估完成后，再判断哪些是适合自己的客户。理想客户的核心是互惠双赢，客户并不是规模越大越好，理想客户有如下特点：

（1）客户认同销售人员公司的表现。

（2）客户管理有创新。

（3）客户对供应商忠诚。

（4）质量监控有保证。

（5）客户愿意为产品的增值服务付费。

（6）高度的商业道德和诚信。

（7）每一次交易都希望达到双赢。

不理想的顾客，其常见特征如下：

（1）价格不灵活。

（2）做买卖犹豫不决。

（3）对公司不专一。

（4）独裁的管理系统。

（5）不愿意合作。

（6）希望别人受损而他受利。

## 第二节　发掘需求

客户需求的发掘有一个完整的过程。发掘需要的流程大致如下：

（1）问题定义。开始之前，要先熟悉背景及相关行业知识，弄清客户的动机、需求，清晰定义客户需要解决的问题。

（2）建立数据库。要记录客户提出问题的数据源，摸清客户针对什么提出问题。数据库包括上下文环境，处理过程，输入与输出。

（3）分析数据。从数据中找出规律和趋势，用聚类分析区分数据，理清多因素的相互影响，发现诸因素之间的相关性，找出隐性需求、潜在需求。

（4）调整数据。针对需求进行增删，按照对整个数据挖掘过程的新认识组合或生成一个新的变量。

（5）模型化。在问题进一步明确、数据和内容进一步调整的基础上，就可以形成模型，一般可运用神经网络、决策树和数理统计等方法建立模型。

（6）评价和解释。得到的模型需要评估和确定哪些是有效的，有用的模式。评估方法是直接用原先建立的数据来检验，也可以拿历史数据对其检验，以实际运行环境中的新数据进行检验。

## 一、需求要知真面目

销售中90%是搜集需求和信息、界定问题，10%才是解决问题。搜集信息的目的在于便于界定，界定后知道自己所处位置，然后拟定行动计划，最后是解决问题。销售都是尽量找情报、找证据、找内线，然后验证、核实。

搜集需求和信息，界定问题，最重要的是抓住关键需求，核心需求，找到对方内心真实想法，真正关注点，真正面目，打开思维的障碍，倾听对方真实的倾诉。"四类思维助推器"有类似解决方案，它包括信息追踪式回应、征求看法式回应、极限式回应、魔法师回应。

第一，信息追踪式回应。当听到客户说到某些关键词，或某些关键信息时，针对信息进行追踪深入发掘。

例如："你能讲具体些吗？""你能举个例子吗？""你能讲当时具体情形吗？"

第二，征求看法式回应。这类问题也是源于客户所说的话，源于客户所讲述的事实，在倾听时，适当征求他们的意见，他们很可能会把真实想法说出来。

例如："你觉得怎么样？""你的意见如何？""你怎么看待这件事情？"

第三，极限式回应。是征询客户的顶尖问题，这可能是客户真正的关注点。

例如："你最喜欢什么功能？""你认为在眼前这堆问题中，应最先解决哪个问题？"

第四，魔法师回应。在和客户交流时，客户往往会说"这个不现实"、"那个不好办"之类的话，面对这类话语就要帮客户移开限制思维的障碍，引导他突破这个思维桎梏，进行发散性思维，进行更广泛的思考和探索。

例如："如果我们提供驻点维护服务，提供 7×24 小时的全天候值班，你希望我方的维护服务报价在什么价位你才可以接受？"

157

## 二、专业提问，定位需求

平安市有智慧城市项目需求，项目预算 6000 万元，计划采用招标方式。其采购方案为：第一阶段，集中需求调研，调研采用集中座谈会形式；第二阶段：政府招标，要求原型演示。本项目对供应商的要求是有系统集成一级资质和地市一级电子政务系统案例，本项目交平安市信息中心承办。

五家潜在供应商是：宝系有限公司、清方股份技术有限公司、南华股份有限公司、达成系统集成有限公司和奥迪斯有限公司。这些供应厂商虽然对招标并不陌生，但供应商知道采用这种组织形式一般处于被动地位，自己只能配合建设方进行，建设方要求做什么你就做什么，做好某项工作只能等通知。

下面是各供应商的交流日志及项目推动进程：

宝尔有限公司："组织这次项目建设遇到了什么问题？通过建设，希望达到什么目标？"

清方股份有限公司："通过这次信息化建设，与周围地市相比，希望做出自己哪些特色，有哪些需要特别关注的地方？"

南华股份有限公司："我们在国内做了很多类似案例，通过前期调研，平安市的智慧城市，特别是在智慧城管、智慧公安方面要求与江苏某地市情况极为类似，背景也相同，这个案例当时在国内树立了智慧城市样板，不知平安市有什么特别需求？"

达成系统集成有限公司："我们公司与美国一家公司合作，形成自己专有的公共基础数据库、公共业务数据库，系统安全可靠稳定，通过平安市智慧城市项目建设，可与世界同步，这是我们的案例，不知贵方有什么特别需求？"

奥迪斯有限公司："我们是来自上海的一家公司，在华东做了比较多的经典案例，并且得到国家领导人的关怀和认可。通过这些经典案例，得知智慧城市建设要结合实际情况，保持先进性，不知平安市的智慧城市建设有无这方面要求？近期我们做了需求调研，还有一些不是很充分的地方，需要请主任支持，进一步确认，不知能否给一个机会？"

平安市信息中心主任对上述各公司统一作了回答，同时答应了奥迪斯有限公司再进行一次需求调研的申请，第一阶段现场需求集中调研就此结束。

后期，奥迪斯有限公司进行了第二次需求调研，也对自己的优势资源进行了阐述。最后问道："智慧城市建设的意义是什么？若不建设可不可以？我们当前的区长专线、应急指挥、城管也能维持政府办公运转，且维持了几十年。智慧城市建设能取得不同的社会效益和政治效益，这才是重点，不知认不认同这个观点？"

平安市信息中心主任针对奥迪斯有限公司的提问详细地进行了回答，认为奥迪斯有限公司确实是立足实情，优势资源明显，特别是与国家级企业有过合作经验，可以通过智慧城市项目建设推动本区域经济发展。后期平安市信息中心组织了一次信息化论坛，并由奥迪斯有限公司协办，邀请市政府信息中心、市政府领导、国内行业专家做交流与沟通，奥迪斯有限公司也利用这次机会进一步抓住建设方需求。

项目进入政府招标阶段，奥迪斯有限公司的系统演示独具一格。评委们一致同意奥迪斯有限公司为本次中标厂商。

奥迪斯有限公司能中标，主要原因有：

（1）发掘需求。

供应方层层挖掘，发现了建设方"招蜂引蝶"的潜在需求，承建方也在产品演示阶段呈现出他们有这方面的资源和能量，通过论坛派出权威专家验证，表示自己有能力做好这件事。建设方也达到了项目建设目的，实现了项目需求。

（2）专业提问是发掘需求的重要手段。

通过案例分析得知，专业提问找到客户的潜在需求，然后将潜在需求转化成显性需求、急迫性需求，将模糊需求转化成具体需求，将组织需求过渡到个人需求，定位需求。

专业提问。首先得创造对方提问的机会，并乐意与你一同分析问题，具体如下：

①了解客户行业和背景。

客户不会接受一个不懂行的销售，他们更喜欢专家，更喜欢解决问题的人。他们对于同行的同类公司更有兴趣，更关心，更喜欢借鉴同行业的先进经验和技巧。

②了解将要沟通的对象。

了解将要沟通的对象，通过沟通对象了解各层次的大体需求。沟通对象若是高层，销售人员需要有与高层领导相近的知识，有对话的基础和同样的思维方式。沟通对象若是中层，需要有与中层相近的事务操作知识，如业务流程、管理要求、现状与难点。沟通对象若是低层，需要有与低层相近的具体系统操作感受和业务场景，能让操作者带到现实作业环境中，能体会日常工作的不便。

③专业提问是与对方建立信任的必备技能。

专业提问需要日积月累，设计好提问目的、时机、类型及提问方式。

④层层缩小提问范围，由面到点，朝深层次挖掘。

## 三、需求共建与重构

以客户为中心，以需求为导向。站在客户立场发现问题，通过科学方法挖掘客户深层次需求，与客户共同创建需求，建立互信共赢。

需求共建属于需求开发范畴。需求开发从问题开始转化成一

160

个愿望、一种需要和一种企图。

可看下面场景：

邓山是智能便携可穿戴心电监护公司华南区区域经理，该公司在规模、产能、品牌方面均处于劣势，正是这个原因，让该公司在市场上处于不利地位。

该区域有一家三甲医院，采用的是国内规模最大供应商的产品，邓山与这家医院心内科主任一直保持联系，计划近期拜访。

邓山：您好，王主任！医院最近忙吗？

客户：是小邓啊，还好，不是太忙但很烦。

邓山：王主任，烦什么呢？刚采购一批心电监护设备，不好吗？

客户：这些设备是不错，诊断数据也很准。问题是有很多心脏病患者到医院来时心率没有出现异常，但是来回的住院费用需要支付，而且也不知道患者什么时候会发病，捕捉、诊断、分析困难。患者花了钱却找不到原因，其情绪、不满、抱怨就转嫁到我们医生身上来了。

邓山：王主任，您的意思是说能在长时间捕捉观察，并且不受地点限制，在医院、家里均可以 24 小时跟踪，是吗？

客户：是呀！要是能解决这些约束条件就好了。你看，患者长期住医院，占医院的床位，影响医院接收新的患者，减少医院收入，而且更多是院外发生，特别是不明原因晕厥、短暂发作的心律失常，医院难以捕捉，这也是心血管科面临的问题，还影响科室的诊断率。

邓山：什么原因导致当前这种情况出现呢？另外，近年来，通过医院临床应用，大部分医院反映三电极也不便于院外携带，我们医院设备有这种情况吗？

客户：我们医院也有这种情况，主要是目前大多数心电图终端，至少采用三个或者三个以上电极，三电极是通过右腿驱动接地，这些设备只能在院内完成。另外，该设备也不便于携带。

邓山：按照诊断需求，要达到长时间诊断，院内院外均能诊断，您认为心电监护设备应该符合哪些条件？

客户：该设备可以随身携带，具有微型化、抗干扰、便于使用和低功耗等特点，适应植入式和体表心电图测量的需要，同时技术上要解决好电极问题。

邓山：要求小巧、抗干扰、低功耗。咱们医院有没有远程接入该设备的软件平台？

客户：当然有，没有的话，我现在使用的患者数据报表怎样从设备读取出来呀。

邓山：王主任，那挺好的！不知对传输距离和时效性有没有要求？还有其他需求吗？

客户：当然有！传输网络尽量能覆盖本市所有乡镇，最好能支持无线传输，而且要求实时传输，就像患者在医院一样，能实时跟踪。

邓山：如果这些条件达不到的话，采取什么措施呢？

客户：那就只能住院了，若床位不够，就只能转院或者拒收了。

邓山：转院！如果转院的话，对咱医院收入有没有影响？

客户：这影响就比较大，有时床位无法满足，就只能睡在走廊上。

邓山：睡走廊，还好说，长期如此，患者会不会有意见？

客户：当然有意见，有些患者认为这里人多，下次就直接到其他医院了。

邓山：王主任，一旦患者找其他医院，意味着咱们会减少一些收入，这样的话，医院一年得少挣多少钱，您算过吗？

客户：大概估算了一下，照这样下去少说也得300多万元。

邓山：300多万元！这要是几年下来，不是少收入上千万元吗！我们也一直在讨论解决这个问题，只是没有什么成效，这些也需要医疗器械设备供应商配合，提供技术支持，学习国外先进技术，消化吸收。其实这个问题目前有办法解决，我们公司与美国一家公司推出了新型的微型化人体植入式Holter装置，即植入式心电记录器，手术植于患者胸前皮下，通过两个电极记录心电，使用寿命可达14个月。在临床应用中，对不明原因晕厥的诊断率达80%以上，对短暂发作的心律失常的诊断率高达83%～94%，应用越来越广泛。为此，我们开始开发双电极心电测量传感器，具有微型化、便于使用和低功耗特点，适应植入式和体表心电图测量的需要。现在这种设备刚刚在市场推广，您看，对您是不是有帮助？

客户：如果是这样，不仅方便了患者，还能提高我们的效益，我们作为一家临床教学医院，在国内率先试用推广，将会有很大的示范作用。

邓山：是的，效果很明显。王主任，您这边还需要医院哪一位专家再来进一步了解？

客户：要和设备科刘科长说一下，这个问题他困惑很长时间了，院长曾经在大会上当场批评过刘科长。另外，也要和陈院长打招呼，院长对新思路新技术也很感兴趣。

邓山：谢谢您，王主任！这种设备和传统心电图设备相比可以长时间舒适佩戴。我会及时联系刘科长和陈院长进一步确认。

客户：好，你们有什么最新的信息或者成果应用转换，请在第一时间告诉我。

邓山：谢谢，王主任。

销售竞争中处于落后时，你不必沿着竞争对手设计轨迹去追赶，此时应将进度停下来，重新确认问题，排定解决问题的先后

163

顺序，完成共建与重构，形成新的解决方案。

如何需求共建与重构，客户、销售人员共同整理并引导需求，SPIN 是一套较为合适的工具。通过上述场景，总结出 SPIN 的步骤：

（1）列出背景性问题，通过背景性问题引导出难点性问题。背景性问题一般是关于事实、背景的。如：

医院目前使用的设备有哪些供应厂？

医院去年营业额、年门诊量是多少？

如何提背景问题。把你的问题与客户的判断相联系，可以使一系列问题连接在一起；把问题与对方观点相联系，能增加问题的多样性；与第三方状况相联系，可以提高可信度。

（2）通过难点性问题推导出客户的隐性需求。

提难点性问题，要做好准备工作，注意变化性、连贯性。难点性问题是关于客户的难点、困难、不满。

医院想了解各分部每日的资金业务往来是否有困难？

医院对于各分部药库调拨控制与掌握是否有困难？

（3）将损失转化成暗示问题。

暗示性问题是关于客户困难的影响、后果、暗示。

如果资金不能集中管理将带来什么影响？

假如不能控制监督各分部的资金业务往来，将会有什么后果？

如果不能让领导随时了解各分部资金往来，会产生什么后果？

提暗示性问题有几个要点：确信你已经问了难点性问题；选择最重要的难题，且这个难题是容易解决的；改变陈述暗示性问题的方法，使用多变的不同类型的问题；准备客户实际的暗示性问题，把你的问题与第三方联系起来。

（4）问题解决后，会给客户带来什么好处，如：

如果能对分部做到时时监控，对工作带来什么便利？

为什么医院各分部的资金调剂余缺很重要？

资金集中管理对你们有什么帮助？

（5）将好处转化成需求—利益，实现隐性需求向显性需求过渡，并将显性需求转化成对未来的渴望。

将客户的需求发掘出来后，开始呈现价值，然后处理异议，最后获取承诺。

需求共建与重构的条件：

（1）信任度足以支撑客户给你重构的机会；

（2）评估确认线中客户对项目态度的支持；

（3）交付分解线中有契合需求的交付物，并有差异性优势；

（4）资源成本线中的工期、费用、成本可赢。

## 四、重构需求和产品的连接

需求调研的目的是找出顾客的痛苦、需求与渴望，并进行激发，特别是你在竞争中处于落后的定位，则需要重构需求和产品的连接，从问题、需求开始，重新建立方案、产品与需求的连接。

痛苦、需求与渴望是销售的切入点，无论我们在什么阶段切入客户的采购流程，都要从了解客户需求开始，包括重塑需求。针对客户提出的要求，一定要了解客户提出这个要求的真实目的和遇到的痛苦，通过挖掘客户的痛苦、渴望来引导客户的需求。大部分客户对自己需要一个什么样的项目并没有一个完整的规划或者认识，很多时候都是在交流的过程中才逐步清晰。最后需要强调一点的是，你的产品或者服务是必须能解决客户的痛苦、需求，能实现客户的组织结果和个人赢，这样连接才会有意义，而且能双赢。

以下案例讲解如何通过痛苦来重新建立需求与产品的连接。

销售人员陈涛这几天一直烦闷，老客户内部关键决策人员有寻找新供应商的意向，而且新供应商上个月已和院方进行一次方案交流，计划下一步明确建设方案和项目预算。院方关键决策人员倾向新供应商的原因是省人民医院是采用这家公司的产品与服务。

老客户是一家副省级人民医院，每年向公司贡献达 180 万的维护合同收入，包括硬件网络维护和软件系统维护。医院计算机网络中心李主任对陈涛所在的公司服务还算满意，包括人员配备、网络维护、服务响应、应用与数据库维护，都做得还不错。李主任面对院方领导层要更换供应商认为：领导层决定医院信息化给谁做和投入多少预算来做这件事情，他只负责怎样把这件事情做好，怎样去组织好。

销售人员陈涛也在发愁，打开销售系统中的营销知识库，查找《信息系统常见故障》图，见图 3-1。

陈涛通过遍历《信息系统常见故障》图，初步得知竞争对手主要是在"公司"方面中的"案例"要素方面取得了客户的认同。初步设计以下计划：

①扩大需求调研对象与范围。调研对象包括省级人民医院、副省级人民医院，了解医院领导班子成员及背景。

②深层次挖掘医院目前遇到的问题，建设信息化的目标，详细列举问题带来的后果和不良影响。

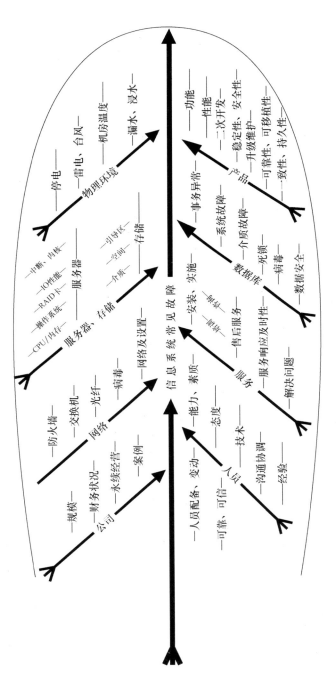

图 3－1 信息系统常见故障图

③规范分析评估确认线、资源成本线，制定进程迭代线、交付分解线推进策略。

④重新遍历问题、目标列表，引导解决问题的顺序，重新建立需求和产品的连接。

在需求调研方面，陈涛首先来到省级人民医院，了解该院信息化系统是北方一家供应商，当年还取得国家主管部门的认可，系统业务流程非常规范，从业务数据输入、处理、输出均能构成一个完整的闭环。通过逐层深入调研，特别是系统使用人员反映：首先是业务流程繁琐，易用性不高，特别是在医嘱执行方面；其次是二次开发方面不到位，几乎不修改，必须按系统流程作业；最后就是维护人员配备不足，服务响应不过来，只派了两名工程师驻现场负责所有系统维护，其他事务均由医院承担来完成。

在深层次挖掘方面，陈涛挖掘到医院现在需要更换升级系统的主要原因是省级人民医院刚通过"三级甲等医院（简称三甲医院)"复评，引进省级人民医院信息化系统，能尽快通过"三甲"复评，至少能确保信息化建设方面不失分。其次是要求提高医院工作规范化水平，现在医保结算问题突出，百姓不能接受，财政负担过重，医保报销连续3年超支，医保基金浪费和流失，城乡医保（包括新农合、城镇职保和居保）由卫生和人社分别管理，有互相扯皮的现象，很难形成统一意见，工作效率很低。最后是国家"零加成"政策的执行，要改变以往"以药养医"的运营模式，采取多种模式，借助物联网、互联网工具，如自助终端、远程预约来提高医院的运营管理水平。

评估确认线方面，院方院长属学者型，内敛，偏向以事为主，与省级人民医院院长是大学同学，读博士时属同一所大学，只是导师不同。分管信息化副院长由分管财务的副院长兼任，其他副院长分别分管临床、护理、行政。医院信息化程度较高，职工对信息化的升级改造大多持欢迎态度。由于是老客户，客户各个层面的系统影响者均有"覆盖"和接触。

制定进程迭代线推进策略。首先通过分解策略，遍历公司的一系列"拳头"产品，调整解决问题的优先解决次序，先解决医保结算问题，突出医保结算问题，解决好医保结算问题，以医保问题为抓手，重新建立需求与产品的连接。按"三明"模式来设计信息化解决方案，运用"三明"模式，达到患者减负、财政降压、医生增收的"三赢"成效，以"百姓可以接受、财政可以承担、基金可以运行、医院可以持续"为目标，响应"公立医院回归公益性质、医生回归看病角色、药品回归治病功能"、"公立医疗机构硬件投入依靠政府、软件和日常管理依靠医院、降低医疗成本和提高运行效率依靠体制机制创新"医疗改革要求，以医疗、医药、医保"三医联动"为途径，突出顶层设计，统筹推进公立医院分配机制、补偿机制，同时递交当地政府部门、行政管理部门批准。其次为了医院"三甲"复评，信息化解决方案中电子病历按6级标准设计，让电子病历系统评价总分不低于170分，实现全部24个基本项目，每个基本项目应用范围达到80%以上，实现至少6个选择项目，每个选择项目应用范围达到50%以上。达到全流程医疗数据闭环管理，高级医疗决策支持。再次是设计第三方系统解决方案，联合自助终端厂商做好方案设计。最后是组织医院外出考察，最好是院长带队，针对性地选择我司案例，考察可行性、可保障性，解决客户顾虑，建立与院方购买影响者的信任度，突出产品的二次开发和服务优势。

制定交付分解线策略。先交付医保结算控费系统、集成平台、数据决策（BI）系统，再交付医院信息管理系统、电子病历系统，在该阶段同步配合医院做好"三甲"复评工作。

制定资源成本线策略。协调好资源，公司上下统一意见，申请集团资源支持，提高响应优先级，派出公司有经验、有能力的人员支持，做好沟通协调，提高客户满意度。申请项目预算和商务经费。

制定评估确认线策略。重新构建项目技术专家评估团队，引入懂信息化、客观公正的第三方人员参与，如科技局、信息中心、大学科研院所、规划设计院等，最好是支持你的人员。先解决好"人"（引导对象）的问题，才能认同你的解决方案，才能更好地通过痛苦来建立需求和产品的连接，设计好你现在需要打开的"一把锁"，我这里刚好有一把能唯一打开的"钥匙"。上述策略更多在分析"组织结果"方面，也要细腻地分析"个人赢"方面。比如计算机网络中心李主任认同陈涛所在的公司，是因为公司能提供医院所需人员驻点服务，以解决医院信息化人才编制不足的困难，借用公司提供的人员能协助解决医院硬件、网络、存储、系统软件方面的需求，能更好地支持医院业务职能科室业务需要，最为重要的是能分担风险，像买一份保险一样，有异常就直接要求公司派人员来服务并解决，随叫随到，这样李主任的工作轻松平顺。比如分管医保的副院长认同先解决好医保结算问题，因为延期解决或者不解决将会被医保局点名批评，被患者投诉。

纵观发展过程，医院有很多问题需要解决，如"三甲"复评、医保结算、售后服务、人员驻点、产品，等等。陈涛没有按竞争对手解决问题的顺序去先实现医院的"三甲"复评，而是先解决医保结算，同时确保做好院方的售后服务、人员驻点、产品服务，将自己的优势与客户的需求建立连接，从而使客户最终选择陈涛公司的解决方案。

调研过程也不是完全让客户谈论他的想法，更重要的是需要一点一点去提问。除了不了解的业务外，重要的是在已经了解的客户需求基础上进行分析和扩展，推导出客户潜在需求，重构需求和产品的连接。具体讲，有如下步骤：

（1）了解现状，导出需求，找出背后动机。

需要什么服务，有什么特点，关注点是什么。对方的这些需求为什么对他重要，遇到什么困难让他产生这样的需求，想解决什么问题。哪些是公司问题，哪些是个人问题。需求中需要解决的问题和存在的机遇。

调研现状、未来目标及获益。找出客户现状和具体量化的数据，询问客户未来发展目标，询问客户差距，找出关键点。项目预算是多少，未来收益是多少。

（2）找到活动背后的决策链。

调研了解影响购买决策人，了解背后决策链。从决策者、影响者背后找到动机、需求并动态地跟踪。

购买产品还需要哪些角色决定，还需要哪些人批准。

与决策链上的决策人、影响人、参与人的信任度处于什么阶段，用什么策略提高信任度。

（3）调研组织架构，找到背后的"影子架构"。

了解决策链及其角色，了解扮演该角色的个人。通过组织架构，借需求调研活动的开展，了解其显性需求、潜在需求，了解每个角色背后的利益所在。

（4）找到客户背后的疑虑。

通过调研观察客户的语气、节奏、关键字，提问顺序、内容、详略程度，了解客户的心理倾向、关注点。了解解决需求和问题的紧急程度。

（5）比较客户的认识和变化，找到背后的竞争对手。

了解当前存在的竞争对手，评估竞争对手的位置。竞争对手在你之前还是之后。

（6）重构需求和产品连接。差异化优势分布（你、你公司、你的产品或服务），采用怎样的交付分解线策略，设计出交付物来满足客户的需求。

在客户要求解决需求的紧急程度范围内设计出进程迭代策略，先解决什么，后解决什么。投入多少资源、时间来解决需求。

整个解决方案是否"契合"了客户需求，客户的评估确认线是否满足与满意。若未达到"契合"点，则按上述步骤重新迭代。

需求调研是通过与客户反复进行沟通和交流而获取客户需求的一系列活动，包括编写需求规格说明书、解决方案的前期工作。需求包括确定营销问题和识别调研内容、编制调研计划、收集信息、分析信息、展示调研结果、制定营销决策，见图3-2。为了更好地管理，可以综合为调研准备、调研、营销决策。通过分析客户的现状和目标，寻找客户影响，帮助客户明确需求。

图3-2　调研方法

开展需求调研的方法有：收集资料、拜访、书面调查、抽样调查、座谈、现场观摩、业务实践、阅读历史文档等。需求有业务需求、用户需求、功能需求和非功能需求。

（1）调研准备。

①确定营销问题。

了解被调研对象的组织架构、业务流程、资源情况、结束条件、薄弱环节，涉及系统的使用部门，参与调研的部门和人员，客户关键人员，提高自己的观察能力；尽可能获得客户上层的支持；采取适合自己的调研方式，自上而下开展需求调研会使调研工作更容易推动，自下而上开展需求调研会使调研需求更加真实和具体。

②识别调研内容。

了解客户的行业，了解客户行业动态，学习用户术语、标准，提高行业知识；了解客户背景，熟悉客户业务，这些是调研的基础。

③编制调研计划。

编制调研计划和调研提纲，列明调研范围、参与部门、调研时间、调研对象。

（2）调研。

①收集信息。

按照调研计划有步骤地展开，按照和客户商量好的调研计划稳步进行，如果出现变化，即确定新的调研安排，列出总的调研顺序。

先了解宏观需求，再了解细节需求。遵从由总到分、由粗到细、由简单到复杂的调研过程，无论是让客户介绍他们的业务还是谈他们的想法，都要先从总的方面说起，然后是细节。

调研中会出现客户提出的需要花很大代价的要求。这种情况需要调研人员快速反应，同时也需要调研人员的良好沟通技巧，能巧妙说服客户放弃这种方式并且客户能够理解。

②分析信息。

分析已经搜集到的调研资料。每次调研后，及时把调研内容整理出来，调研现场未来得及记录的内容需要及时补记，深入回顾，推导后面潜在的问题。例如：客户要求提高设备使用率并携带方便，背后可能是前期项目设备闲置，还要交保管费用。这些背后的东西是销售成功的关键。

分析资料时不能闭门造车，一定要了解现状、资源利用情况和日常数据处理过程。

挖掘客户最原始的需求，不仅仅是做记录。客户沟通的内容只是对方的理解，可能存在偏差，需要全面、系统、专业地分析。

③展示调研结果。

需求调研完成后，还可以以设计方案的名义，与调研对象进行交流，进一步挖掘相关信息、呈现信息，与客户建立信任。

# 第三节　销售流程重构

## 一、新型商机

### （一）线索管理

销售线索在销售管理体系中处于最前端，通过多种途径，采取强、弱关系获取销售的初级线索，销售人员持续跟进和推动线索的延伸，到达成熟阶段后销售线索转换为销售机会，并通过在公司正式立项，销售人员将销售机会进行漏斗管理和推进，经过后续阶段的需求调研、评估比较、价值呈现、谈判沟通，最终与客户达成协议，并正式签订合同。

获取销售线索的工具通常有：销售电话、电子邮件、展览和会议、营销活动、广告推广。通过强关系寻找线索，通常有以下途径：

（1）拜访，市场营销活动推广、广告、电话、电子邮件。

（2）关注招标公司。各地方的招标公司网站招标通告。

（3）搜集施工现场资料。

（4）搜集开工的项目信息和资料。如总集成厂商、转包厂商等。

（5）搜集发改委、行业管理部门资料。如年度上报项目预算和计划。

（6）搜集行业网站、行业杂志、协会、展会、黄页、研讨会相关资料。

（7）搜索引擎、新闻事件。

（8）接受客户（建设方）直接邀请。

通过约关系寻找线索，通常有以下途径：

（1）关系介绍。

（2）合作伙伴介绍。如设计规划单位渠道、目标客户其他科室的供应商。

（3）同行业的其他公司区域经理介绍。

（4）老客户推荐介绍。

（5）公司内部资源获取。

（6）人脉圈。包括社交平台、社群圈子、微信群。

（7）竞争对手。

（8）国家政策、法规。包括地域性法规、政策。

（9）金融保险行业、单位、部门。

（10）移动运营商。

多一种信息来源途径，将会增加更多销售线索。如：以客户周围来源途径，有客户的客户、客户的其他供应商、客户的渠道、客户的伙伴、客户的竞争对手；以客户本身来源途径，有客户的网站、年报、介绍、员工；以我们内部来源途径，有营销人员、服务人员、人脉网络、关系企业、CRM；等等。

无论多困难的市场也一定能找到线索，只要我们用心去发现这种关系，不论强关系还是弱关系，多一个关系即多一条渠道、多一个商机，方法尽量多一些，途径尽量广一些，手段尽量多一些。如图3-3所示。

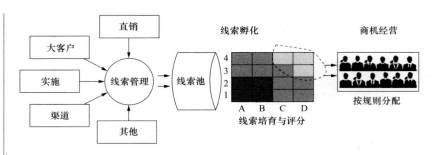

**图 3 - 3　线索管理**

资料来源：甲骨文。

图 3 - 3 中，销售线索主要要素有：时间、客户基本信息、联系人（职位、联系方式）、需求描述、计划采购时间、计划采购产品、有无预算及预算额、机会成本、竞争对手、督导（负责人）、分配销售代表、分配追踪记录、跟踪提醒、所在辖区、所在行业、状态（新建/待分配/跟进/确认跟进/异常）、转化率，等等。销售线索管理包括目标客户定位、线索培育与评分、线索跟进与监控、绩效考核。另外还有相关工作，如邮件脚本设计、电话脚本设计、商务拜访脚本设计。

寻找线索，首先目标客户定位要清晰。通过经验与历史数据分析，发现并定位潜在客户的细化特征，了解目标受众独特之处，知道自己的客户会在哪里，知道怎样找到客户，知道哪些行业会用到这套产品、服务、解决方案，了解市场细分，知道客户的细化特征，通过这些特征优选客户数据。

其次要培育与评分，而且线索要被高效跟进。线索培育，首先要判断是否是目标客户，了解客户基本信息，采取电子邮件营销、社交媒体、动态网站内容及直销推广等多种营销方式，结合营销、技术、实施、管理团队的协力合作，多层次、多触点搜集客户反馈，判断客户需求进展状态，并指导后续营销沟通策略，进一步了解联系人员信息、需求。高效跟进，搜集客户信息，利用多渠道多轮次挖掘客户行为，及时的个性化电话、邮件、微信联系，实时为潜在客户提供支持，杜绝群发、群聊，建立与客户良好的私人关系。

线索分类管理。销售线索 A 级，表示有购买意向，需求紧迫，并会在近期成交，且成交金额可观。销售线索 B 级，表示有购买意向，需求紧迫，并会在近期成交，且成交金额一般。销售线索 C 级，表示有购买意向，有需求，但时间上不紧迫，会购买但近期没有采购计划。销售线索 D 级，表示有购买意向，有需求，但不知何时采购，不知可能成交的时间。

线索管理，要注重绩效考核。公司的 CRM 系统会将连接池中的销售线索按规则分配给销售人员，变成一对一模式。若在一定时间内销售人员并未跟进，线索将会被收回并分配给该其他销售人员。线索评分是最有效的线索培育策略，它是用于给潜在客户排名的一种方法，通过客户的行为、转换事件、销售接触、购买意向赋予相应数值来综合评估。线索评分指标：总成本、数量、平均成本、时间、质量、占用资源。需要补充的是，线索分配规则没有统一的标准，因不同的公司、同一公司不同时期、同一公司同一时期不同的督导、同一公司同一时期同一督导不同的销售人员而分配规则不同。

资源成本线中的机会成本分析认为，越早筛选不合格的销售线索，越早能看清真正的销售商机。

线索培育中，要有长期销售线索挖掘规划，跟进客户整个获取周期，并以持续挖掘销售线索为最终目标。有几点要注意：第一，要踏准客户采购的节奏；第二，创建一套评分机制以及渐进式分析方案，以提高针对性；第三，建立你的解决方案知识库。

销售线索管理的误区：没有事后检查，只讲线索数量不求质量，不讲效益，没有对商务资源与成本进行管理；没有线索追踪，线索有进不出私自保留，无疾而终；未纳入 CRM 管理；缺少线索跟进机制，没有良好的管理和筛选系统；销售线索定义不恰当；没有长期销售线索规划。

### （二）商机经营

#### 1. 线索向商机的转换

如何将销售线索转化为销售机会，把潜在客户培养成准客户，通过移动设备、邮件等新媒体，对线索进行处理，判断这个线索是否有效。如图3－4所示。

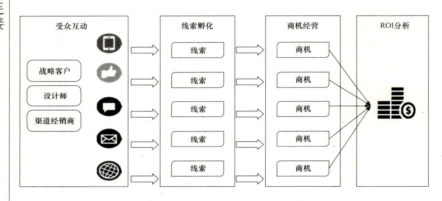

**图3－4　商机判断**

资料来源：甲骨文。

商机判断有三要素：可支配的项目预算、紧迫需求、权力。

商机是否进一步推进发展为立项，有以下几种判断：

（1）是否可以参与。公司有无对应的产品、解决方案，产品服务与客户需求是否契合，是否有独一无二的优势。

（2）商机是否有胜算。在客户关系上与竞争对手处于优势还是劣势，是否了解客户的采购流程、规划、决策过程。是部门级还是公司级的合作伙伴，处于什么层次。

（3）是否值得我们赢。成本、利润、效益如何，折扣是多少。

（4）所处阶段是前期、中期，还是后期。时间是否足够，资金上是否支持。

（5）信息来源是否可靠。是陪标，还是只需要一个报价，还是几种可能均没确定，背后谁在组织，等等。

2. 第三方线索与商机

销售工作中销售员的商机有自己的途径，有时也可以通过第三方渠道获取，对于第三方提供的项目信息，通常会给予价值回馈。

第三方信息主要来源：

（1）行业圈内人员拿交易的项目信息。

（2）渠道代理商报备的项目。

（3）第三方人员传来的商机。

（4）第三方公司询价，陪标信息。

（5）公司内部实施人员传回的信息。

（6）公司领导交代下来的信息。

## 二、销售"内线"

某通信集团有限公司智能穿戴终端采购项目要求供应商先通过产品质量测试，通过后才有资格参与招标环节。提供功能要求包括：终端支持手机 APP 控制，APP 支持安卓 2.3 及以上系统、苹果 5.0 及以上系统；终端具备远程定位、历史轨迹、电子围栏、SOS 呼叫、远程拾音、双向语音、低电报警功能；支持移动 4G SIM 卡；支持远程无线升级、设置或读取相关参数；GPS 定位室外精度小于 5 米；APP 运行稳定，不能存在卡机、闪退等异常情况。

销售员张峰得知该商机后，先把这个商机递交公司工程中心和研发中心评估，结论是这个项目可以参与。

张峰明确了任务：计划组织第一次商务拜访。

张峰找到该项目技术负责人朱科长。朱科长原来是公司的技术工程师，上任后首要任务是整理项目需求，搜集供应商资料，给公司总经理提供解决方案和评分标准。张峰和朱科长在办公室交流了项目的基本信息、实际状态、最新进展，强调要提供系统源代码。

张峰又拜访质量保证科负责人黄科长。通过黄科长了解项目组的组织架构，各成员的分工，项目决策过程。

张峰又拜访人事科、财务科，一致答复：这个项目是总经理和技术科负责，他们不知情。

张峰拜访总经理张总。张总平时喜欢到下面巡查，不是那种长期坐办公室的类型。前任总经理由于受贿被抓，现任总经理原来是常务副总经理，分管公司业务。张峰递交了一份公司宣传手册及案例清单，张总说："我不懂信息化，你不要找我，你去找朱科长。另外我们公平、公正、公开，你到网上可以关注公司招标信息。"

张峰回顾各个拜访对象，决定从朱科长突破。

张峰第二次拜访朱科长，打算从他那里了解总经理及竞争对手相关信息时，朱科长反问："怎么能告诉你，你想想，某竞争对手来问你的情况，你允许吗？""另外，公司到处都有摄像头，不要搞这些小动作，到时都不好，晚上我要值班，请你回去吧！""你回去看招标网站吧，到时我们会公布的。"

张峰听到朱科长说出这样的话，很绝望地走了。

该项目和张峰一点关系都没有了，充其量是一场表演，其教训是：

（1）在决策层面：张峰根本没有介入这个项目中去，一直在外面转，不知评估确认线中角色及扮演的人，这些人员对项目的反应模式与态度，不知结果与赢等信息。

（2）执行层面：张峰遇到谁就硬闯，没有章法和策略。不知进程迭代线中项目的进程与发展变化，没有"内线"来指导与反馈，更没有交付分解策略，也没有进入到那个层次。另外项目始终未建立信任。

（3）总认为销售是桌子下面的事，销售就是送礼物、给回扣，让销售蒙上一层市侩色彩。

### 三、合作伙伴赋能与传播

销售有直销、合营、代理三种模式。直销模式指公司自己负责建立销售渠道、市场开拓、维护商务关系，不需经过第三方。合营模式指与第三方合作，优势互补，明确权、责、利，互利合作，分工有别，追求相互利益最大化，开展相关过程和事务。代理模式指对方通过取得代理授权，代表公司行使职权，方式灵活。

选择哪种合作模式，关键是合作伙伴在这个项目中的价值。从图3-5可知，服务提供者角色包括促成成交因素的单位和个人，服务请求者角色包括销售供应商、采购供应商，第三方注册中心包括市场、中介、个人等。销售供应商、采购需求者之间由于受信任度、地域、时间、专业、行业、能力等因素约束，分别有不同需求，第三方注册服务中心通过查找历史公告信息、项目成交信息，匹配合适的服务提供者，并提供咨询、招投标服务；服务提供者、服务请求者双方达成合作意愿后，构成绑定关系，成为合作伙伴。

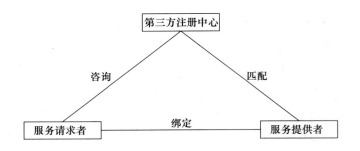

图 3 – 5　合作伙伴

充当服务提供者角色的可以是公司、团体甚至个人。通过服务提供者，可完整搜集资料，包括客户的组织架构，以及关键客户的个人信息、兴趣爱好、职业背景等。

服务提供者角色的价值最主要的是传递价值。供应商不仅要为客户创造价值，也要积极为充当服务提供者角色的合作伙伴创造或者传递价值。

合作伙伴价值包括：

（1）处理合法的商务关系，承担商务费用与成本。

（2）协助系统验收、回款。

（3）协助规划预算、建设内容、成交方式。

（4）重塑决策流程。

（5）协同开发、管理区域市场，捕捉商机。

上述合作伙伴的价值需要销售人员传播，以便激活传递意愿，达成合作共赢。

合作伙伴的主要类型有：

①猎手型，擅长关系型销售，商务能力较强，有自己的渠道销售网络，产品较弱，或者没有产品，如代理商。

②互补合作型，有项目没有交付物。

供应商作为服务请求者，其价值包括：

（1）有具体的交付物体系。交付、实施售后服务能力强，服务和产品在市场有知名度、占有率。

（2）有较好的平台，能承担风险，有良好的经营财务能力。

（3）有成熟并合理的合作政策和利益分配体系，有合作案例和经验。尊重合作伙伴利益，明确权、责、利。

合作伙伴赋能与传播的意义在于：替服务请求者"敲门"。服务请求者一定要做好价值创造，以免价值在传递过程中发生衰减。

## 四、评估重构与方案重构

### （一）项目立项与报批

商机进一步核实确认后，需要立项与评估。

1. 项目信息评估要素

（1）项目预算、成本收益、盈利模式是否清晰，能否达成双赢，资金来源。

（2）项目启动时间，项目紧迫程度，项目所处阶段。

（3）项目决策链。

（4）项目采购流程、采购方式。

（5）建设内容，建设要求。

（6）竞争信息。

（7）供应商选型标准。

（8）客户是否认同公司、产品、服务、人员等。

（9）优势和劣势，报价和竞争策略、谈判策略。

（10）项目信息不全的因素用什么措施补充。

2. 搜集项目信息

（1）项目信息：

包括项目负责人、项目预算、预算来源、政策支持文件、信息化规划文件、项目期望效果、项目建设范围、拟上线内容模块、可增加内容模块、覆盖建设单位范围等。

（2）策略信息：

项目定位信息，交付分解线、评估确认线、进程迭代线、资源成本线，竞争策略等。

（3）搜集项目信息可以考虑下述方法：

①模拟对方业务。

②搜集项目信息。

③合作伙伴提供的项目信息。

3. 项目立项评估

项目申请提出后，需要对项目进行选择和确定。在实际工作中，并不存在一个统一模式决定项目的选择和取舍，因为公司内部规章制度不同，其项目立项审批链形式不同，即使在同一公司由于不同发展阶段和发展战略其取舍也不同。

（1）选择有核心价值的项目。战略的关键在于确定什么项目有价值。由于单位所处行业、在行业中位置和立项目标等因素不同，对项目价值判断也不同。但是，有核心价值的项目总是和企业的核心业务相关。

（2）评估所选择的项目。在判断一个具有潜在价值的项目后，还需评估项目实施的约束、风险、成本和效益。通常，这部分内容可以在项目的可行性研究中完成。

经过评估后，可淘汰多数不符合企业要求的项目。

（3）项目优先级排序。经过评估，如果还有多个项目，但企业不可能同时上这些项目，则需要对已选择的项目进行优先排序。排序方法是：根据企业已有资源情况，进行项目成本效益分析，考察净现值、投资回收期等指标。

（4）评估项目的实施方式。对于已经确认有价值，并且有能力实施的项目，则可进一步参照企业现状，考察项目实施方式。这个过程一般由项目负责人和企业中高层决策。根据情况不同，企业可以自己实施，也可以外包。这些取舍，主要依据项目风险、收益和资源开销等。

（5）选择合适的方案。

## （二）解决方案重构

解决方案重构，先了解客户需求，和客户一起思考形成需求的过程，了解解决方案的评判标准，将客户的需求与自己的方案形成一个自然的连接。

重构解决方案的重点是与建设方一道，共同产生供应商的选型标准，并量化评分指标。与建设方共同讨论其采购指标，了解其指标的内涵、重要程度及竞争表现。销售员自己需要通过竞争矩阵，找到优胜指标、标准指标，取长补短。对于优胜指标，通过细化、量化和明确化，增大权重，给决策链上的支持者提供力量。

方案如果没有经过客户思考，直接给客户解决方案，虽然搞清了需求，他会觉得是强加的。而经过他自己思考，他认为是自己的。

方案的调研、审核、批准是一个链条。通过该链条，可以建立与客户的信任，可以知晓评估线内部的决策模式、反应模式，结果与赢等好处。调研往往是项目的开始，在这个阶段大部分客户并不知道如何选择合适的产品，如果告诉他们一些原则，他就会先入为主地接受。一旦形成，别人就很难改变。

评估方案的质量，主要考虑以下因素：

（1）方案能解决客户什么问题。

（2）方案能提供给客户的效益。

（3）方案与其他竞争对手相比，差异性在哪里，是否可信、可行。

（4）方案是否值得投资，收益、成本、风险，解决风险的措施。

解决方案重构的对象主要包括以下因素：

（1）项目背景、现状的定义与定位。

（2）建设目标、愿景、标准的选择与规划。

（3）建设实施方案的选择与代价。

包括功能需求、接口需求、性能需求、可靠性需求、安全需求、技术架构需求、其他需求，建设方案、实施方案、维护方案、培训方案、服务方案、验收方案、保障方案，等等。

（4）建设实施方案约束条件。

其中建设内容包括工期、成本、质量、功能。约束因素如建设内容，付款方式，项目预算、资源投入方式，实施能力、实施周期，研发能力、技术能力，项目投资回收期、效益分析，项目管理（范围、时间、成本、质量、人力资源、沟通、风险、采购、集成），等等。

在重构阶段，销售人员要做好以下工作：

（1）尽快发展内线。

（2）向内线重新了解这个项目决策参与人、每个人的作用、每个人关心的事、每个人对信息化的看法，尤其是 PB、EB 最想达到的目的。

（3）寻求相关资源支持并与对方接触。

## 五、价值呈现与重构

价值呈现与重构需要经过以下步骤：

（1）在客户业务链中，有哪些环节易被忽视、缺失。

方法：讲故事、讲场景。

（2）你是用什么方法解决这个问题的。

方法：系统演示。

（3）你的解决方式有什么独特性。

方法：销售翻译、讲故事、讲场景。

（4）通过你的解决方案能取得效益，或者能减少损失和痛苦，能让客户赚到钱。

方法：塑造价值。

（5）验证上述过程。

方法：系统演示、公司及案例考察。

销售员需要做的主要工作就是价值呈现。让客户相信你的解决方案、产品，是最适合客户自己的。价值呈现来源于销售人员对产品（服务）的熟悉，来源于客户对业务的了解，来源于客户需求的调研。

### （一）销售翻译

销售人员要在懂客户业务基础上，把公司的产品、服务功能翻译出来，以客户喜欢的，可理解、可接受的方式表达出来，结合客户需求，翻译成客户日常均在处理的业务场景、故事，让客户理解。

作为销售人员，在不同场景、不同需求下，作出不同的"翻译"，而不是一成不变的呈现。

市场越来越细分，协作越来越完善。在价值呈现过程中，要注重对自身长处的展示，面对短处不要胆怯，与客户打交道，要让客户感觉到你自信，对你有好感，客户才会选择你。

价值呈现的载体在于你卖出什么，通常包括有形商品、无形服务、事件、体验、人物、地点、财产权、组织、信息和理念。

销售员做好翻译，将客户需求与公司产品（服务）建立连接需要具备以下条件：

（1）熟悉公司产品、服务、政策、案例、解决方案。

（2）了解客户业务。

（3）了解客户需求。

（4）用客户可接受的呈现方式。

187

## （二）塑造价值

找出顾客的问题、需求之后，就要塑造产品的价值，便于后续呈现价值。塑造价值有很多方法，这里只讲典型的几种：

### 1. FAB

"FAB"的"F"指功能、性能、特色的意思，主要说产品或服务的性能或功能。"A"指特点、作用的优势。"B"是客户个人利益和价值。

使用 FAB 说明：

（1）使用之前必须了解客户的真正需求，了解客户的业务。

（2）描述功能一定要具体，不能笼统，要让客户听得懂，便于证明下面的优点。

（3）优点不只是针对产品、公司、服务，还可以针对人。

（4）利益分两种，一种是满足任务动机后带来的好处或避免的风险，另一种是给客户带来的感觉。

（5）整个 FAB 的运用不是针对某一个专门的人，要设计好是整个决策链上所有人员涉及的业务，是多个 FAB 的综合运用。

### 2. USP

"独一无二"的卖点，要抓住这个产品独特的卖点，朝这个卖点去塑造。

如何塑造"独一无二"的卖点，可以做以下分析：

（1）产生差异来源要素，如产品、服务是别人无法提供的。

（2）了解客户需求，印证你潜在的"独一无二"需求是否是顾客觉得重要的、急需解决的。

### 3. 利益

销售卖的是好处和利益，而不是参数和成分。

利益指能给客户带来的价值、帮助。销售人员喜欢背产品的参数，但是客户可能听不懂，感受不到，你不妨这样说："我的电脑能提升办事效率，节约人力成本，为公司增加利润。"

### 4. 快乐

快乐，开心的事情。你用我们这个品牌，在外面遇到同行，说起来有面子，是国内高端品牌，某大单位（公司）也在用。

### 5. 理由

给客户一个理由，合理的理由，可能是生理上的、精神上的、物质上的，哪怕是给客户一种情感，也是给他一个理由。

理由有很多种类型，如给他一个上项目的理由。这些需要去设计与创造，哪怕是一个场景、一套设计方案、一套说辞。

### 6. 价值

作为销售人员要去塑造价值，计算出来给客户，只要他觉得今天的投入明天就会带来回报，一定会买。通过投资回报率、价值回收期，将你的产品能带给他多少财富计算出来，让他做决定。

### （三）系统演示

系统演示一般作为客户检验你交付能力的手段，通过系统演示与客户进行交流，包括业务、技术方面的交流，进一步引导客户需求。

### 1. 演示前准备

弄清演示事项背后的组织者及演示的意义。事项由谁提出，演示需求关注点，重点关注什么功能和模块，与会人员可能会提出什么问题，本次演示要达到什么目标，会有哪些供应商参与，各供应商的演示次序等。

协商并确认演示地点和时间、环境搭建、设备准备、场地安排。

业务场景设计，包括业务流程、实现功能、演说稿、系统卖点、PPT 设计等方面。

演示人员协调。安排主讲、补充、演示、安装、后勤及具体落实人员。

系统演示模拟。要求在规定时间讲解、演示，答辩预演，反复模拟。

2. 演示现场

系统功能展示。重点突出，直入主题，生动有趣；现场把控，预防系统冷场和失控。

答辩环节。灵活把握，沉着应变，尽量让客户讲。

现场把控。特别对于支持竞争对手的人一样需要面对、了解他们的想法，尽全力处理，面对敌对的客户，充分了解敌对的缘由。让客户畅所欲言，你就当真诚的倾听者，对方的不满与愤怒发泄出来，心里舒服了，或许就有机会了。

发现陷入窘境时，要立刻停下来听客户的反馈，也要使讲解过程与客户的需求相关联。

3. 营销决策

复杂产品销售中，客户经常要求进行产品演示，但是这个过程非常难以掌握，演示大部分很难对销售产生积极作用，对此要把握好以下几点：

（1）看演示的目的是否明确。在很多时候，客户只是走程序，可是这样做会导致演示本身没有事先制定的标准，靠的是临场发挥，尤其是客户的临场发挥，而客户的随意性又导致演示本身质量难以控制。

不要一开始就演示产品，要先了解客户，只有客户知道自己已经做好准备时，才能进入讲解产品的阶段。需要充分了解客户的需求，尤其是关键需求和关键问题。

（2）时间长短与产品复杂度是否匹配。很多产品和方案功能复杂，一个新手几个月才能了解，但是客户要求演示时间很短，通常只有几个小时，这就为客户理解产品造成了困难。

（3）演示时机与过程。什么时候演示，实际是越往后越好，最好不演示。如果客户说不清楚自己的需求，而又强烈要求演示，而这时你还没来得及了解客户希望看到什么！

### （四）公司、案例考察

通过考察公司及案例，便于打消客户顾虑，形成认同，促进成交。到公司考察，主要会考察公司实力。

1. 前期准备

事先最好有人指点，考察中有哪些注意要点，领导爱好，需要做好的重点工作。

来访时间。

接待主题。确认宾客的来访目的以及合作诚意，谈判内容。

行程安排。确定客户接待安排表，包括公司接待人员，接待安排，会议安排。

根据每次接待对象不同，需要准备演讲稿，公司品牌宣传片，公司品牌宣传册、产品彩页；办公室负责准备国旗、姓名牌、公司介绍、产品目录、公司介绍投影设备；产品参数表、样品等。

成立接待小组。根据每次接待情况的不同，组建接待小组。

接待行程计划。

费用申请。

2. 考察接待

车辆待命。

接待。各层次人员交流；领导会面，要点是突出自身优势，呈现公司实力，通过案例证实自己的实施能力、把控能力。

达成共识。

结束送行，交换小礼品。

3. 接待后期

电话回访、后期跟进。

解决会议提出的相关问题。

会议总结。

4. 营销决策

围绕主题把自己的优势呈现出来，整个接待过程围绕主题呈现。特别是定位较落后时，更要以创新方式呈现自己的优势。

（五）讲故事

如何讲故事，素材如何构思，如何灵活把握。讲好故事有以下要素：

（1）客户遇到什么问题，在开始讲故事之前，一定要搜集好客户遇到的问题。

（2）谁关注问题，便于故事有针对性，能讲到顾客的心坎上。

（3）公司的产品、服务、方案能不能解决，若能解决，是怎么解决的。

（4）问题解决以后给客户带来什么利益，取得什么好处。

（5）客户解决后有何感想。

上述基本囊括了客户关心的主要要素，至于如何组织故事素材，形式上可以灵活把握，具体操作上可以按客户的背景、行业进行，并分清主次。

讲故事要有针对性，讲与客户的行业、业务、背景相似的案例。

讲故事讲出解决方案，讲出解决措施，在解决过程中曾经遇到什么问题，如何克服的，当时遇到什么阻力，最终如何解决。

可见以下案例：

①客户遇到的问题。

某市妇幼保健院和其他医院一样，存在"三长一短"（挂号排队时间长、就诊排队时间长、缴费排队时间长，看病时间短）、

"看病难、看病贵"、"停车难"问题。

在医院妇产科，挂号、收费、取药和排队办理住院手续的群众把大厅挤得满满当当，年轻父母们脸上写满忧虑。患儿的哭闹声、咳嗽声让人揪心；抽血化验排着长队、量体温排着长队、等待就诊的人群排着长队，有人不停地看表，其中一位挂了号的患者不耐烦地起身走了，一位老人手里捏着好几张她儿媳妇的单子，神情焦急。护士也顾不上这些，因为习以为常了。老人上前问道："我儿媳妇有高血压，医生给开了好几张单子，我已经换了两个队列排队缴费还是没轮到，我们还等着化验啊。"

②院长关注这个问题。

这些是发生医疗纠纷的原因之一，小则科室闹，大则整个医院闹，惊动媒体、公安、保险、政府等部门。该现象（令院长感到）非常头痛。

③下面是解决措施：

经过院委会研究，该院制定了以下措施：

全院推广移动医疗系统，通过系统开展远程预约，提高专家门诊挂号预约率，鼓励患者提前一天、分时段预约，实现患者的合理分流。

成立"主动服务小组"，及时对长队、拥挤区域分流，向等候的患者提供饮用水、介绍医疗特色、健康教育宣传等服务。提供代办检验报告单邮递服务。

推广移动支付系统，改革门诊付费方式。支持银行卡、手机付费、微信支付、支付宝支付，减少现金结算，缩短交费时间；设立门诊住院收费处自动排号机，按号办理交费；每楼层收费处设立值班岗，推迟半小时下班。

推进小包装饮片使用，缩短病友候药时间。

开设"简易门诊"。

提高门诊诊室资源利用率，由医院医务科、门诊部统筹安排诊室。

加强早间门诊巡查，确保医生准时出诊。

整合现有采血点，合理布局，实现集中采血；合理利用医疗设备资源，实行弹性上班制。此外还增设了门诊座椅，合理规划候诊区域，建立"无障碍通道"等。

经过两个月的落实，医院门诊"三长一短"状况明显缓解。给医院带来如下利益：

推动了医务人员服务理念的转变，从原来的被动服务转变为主动服务，变要我干为我要干，促进了医务人员思想道德素质的提高。

通过实施分时段预约挂号，对患者合理分流，维持了正常的医疗秩序。

门诊诊疗质量明显提高。

通过设立自动排号机、推进小包装饮片、改革付费方式，简化了流程；通过挂号、候诊、候药、交费等限时服务承诺，增强了窗口人员工作紧迫感，保证了服务效率及质量。

医院始终围绕"方便群众看病就医"这一主题，不断为广大人民群众提供"安全、有效、方便、价廉"的医疗服务，把医院建设成为服务好、质量好、医德好，患者满意医院。

④客户解决问题的感想：

医院负责人表示，该院平均每天门诊量1000余人，每天早晨挂号窗口都排着长队，医院人员提前一个小时上班都不能满足患者需求。信息化的运行不仅大大方便了群众，也减轻了医院工作人员的负担，实现了"医患双方"共赢。今后还会加大投入，支持信息化建设，力求取得最大经济效益和社会效益。

## （六）讲场景

场景是通过事件、活动、交流等手段和用户搭建深层关系，是一系列行为的反映，以此形成深层次的传播和销售，建立与角色、业务、产品、需求、情感和价值的连接。其中，用户活动通常由一系列操作组成。

场景营销的实质就是将用户的弱连接关系演变成强连接关系，过去通过品牌与用户建立的是弱连接，现在场景通过在线预约、报名、关注公众账号等一系列动作与客户的连接进一步加强，实现双方极速连接，提高双方沟通效率，为后续的双方联系提供更多途径。场景营销通过分享功能，延续了传统媒体思路，扩大了宣传效果。

场景应该利用客户的需要或兴趣，从现有经验范围内，选择有希望、有可能提出一些新问题的事物或活动，这些新问题能激起新的观察和新的判断方式，从而扩大未来的经验范围。

由于移动互联网、新媒体的出现，我们的社交平台均发生本质的变化，改变了我们的社交、生活、购物、支付形态，重新定义了传播渠道和推广方式。

优秀的场景，能形成外部刺激，瞬间进入用户的心扉，捕捉到用户的心理，进入购买者的"暗箱"，让用户建立连接，产生成交的可能，产生体验的冲动。场景在分享、跨界中传播，借助流量、社群、情感、价值的力量，将产品、服务传递给用户。整个过程涵盖了时间、地点、人物、事件、结果五要素（也有称四要素：状况、人物、事件、结果）。如图3-6所示：

图3-6 结果五要素

195

上述场景：一位小女孩、一本书，再配上旁白。让我们想象到这样一个细节：这位小女孩的爸爸是不是很长时间没有回来陪伴她了，爸爸是不是销售工作缠身？她将这份礼物送给爸爸，以解除爸爸的烦恼，此刻她满脸充满快乐和遐想，盼望着周末快点到来，迎接美好的时光。在这种场景下，用户获得了体验，特别是有小孩的父母，自然建立了需求，并愿意为此付费，而且该场景让人感受到爱、感受到温馨。

通过该场景，还可以进一步挖掘出生态需求，《敏捷销售》可以帮助销售人员提高自己的销售能力，可以帮助公司负责人降低公司销售的难度，通过销售专业外包、代理来分担营销风险，对于客户可以获得专业的服务。

设计场景包括以下步骤：

（1）首先要了解用户的业务。业务能让用户自发构想，能把用户带到体验中去，引发用户去思考，去分析判断。只有熟悉用户业务，才可设计出用户能理解的场景。

（2）运用 SPAR 模式。SPAR（Situation Person Action Result），S 是 Situation，指状况，指在什么时间、什么地点情况下。P 是 Person，指某个人（不是角色）。A 是 Action，代表他做什么事，有什么动作。R 是 Result，指做完动作带来的效果、影响和感受，需要特别说明的是，这个 R 不仅包括对公司、组织、部门的影响，还包括对他个人的影响，既要涵盖业务结果，也要包括个人的赢。

套用格式：在某种情况下（S，要描述客户急需的场景和需要），当某个人或者多个相互的人（P，谁）做了某个或者一串的动作（A，一系列动作所具有的功能、优势、特征等），会有什么结果，带来什么价值，带来哪些好处（R，结果）。详见以下医院手机远程预约挂号案例：

现在大家有病就喜欢往大医院跑，一般都是星期六、日才会去医院，这样人满为患，大家排队等半天也不一定能挂得上号，医院不会因为患者多就增加医生数量。但你若使用手机远程预约挂号系统，你只需要手机扫描一个二维图或者关注，用手指轻轻一按即可完成挂号预约，并能找到你想问诊的医生。这些医生均在专家池里面，让你多了很多选择，还节省时间，不用跑来跑去，更不用请假扣工资，系统后续还会不断地提示什么时候要到医院，前面还有多少人在排队，提示你具体的就诊时间、缴费时间、体验时间、拿药时间，做到线上线下就医，线上流程提示、缴费管理，线下问诊、体验、拿药。

场景设计，其实就是不同角色、不同人员、不同业务的操作，按某种业务逻辑流程去触发每步业务操作。业务逻辑过程是用户最有可能执行的场景操作，可设计为基本场景，对于用户次有可能执行的场景操作，可设计辅助场景。

## 六、谈判与成交

### （一）找对人、做对事

谈判与成交首先需要找对人，找对决策者。

1. EB 角色

EB 一般较关注公司投资回报问题，找 EB 有很多种方法，常见的有以下几种：

直接问。常见提问有："项目预算会由谁批准？""他能否直接签合同？是否现在就可以签？若能签，是否还需要向其他人请示？若不能签，还需做什么工作？是否还需征得高层人士的同意？"

问内线："谁是这次项目的 EB？""这个种类的销售在客户

中需要哪个层次才能通过？"

组合分析。常有五种关键因素决定谁是 EB：其一，销售预算；其二，商业经济大环境；其三，公司项目批准人；其四，潜在顾客对公司产品和服务的了解程度；其五，潜在的机构变动。

2. TB 角色

TB 属于"他说你行不一定行，但他说你不行那（你）一定不行"的角色。要尊重 TB，不能强行改变对方的认知，只有真正探索和分析每个 TB 的需求，解除他的顾虑，才能获得 TB 的支持。

3. UB 角色

UB 的应用需求会因为企业的管理模式、管理思路、组织结构与流程、企业文化等不同而有差别。在 EB 作出决策前，或者在向高层汇报前，要针对各业务部门做调研，形成一份简单调研报告，这样 EB 作出决策时可以借鉴使用部门意见。

优秀销售员会率先把握 UB 采购的"原动力"，然后达到 TB 的标准。

4. 顾问（内线）

顾问有时也称"内线"，顾问是信息主要来源。包括提供购买影响者（EB、UB、TB）角色具体人员；每个人的反应模式，每个人在这个项目决策中的影响力，协助你确定交付物，帮你找出优势和劣势，等等。

顾问的价值在于能提供有用的信息。

5. 消极角色 EK

对 EK 类型的人，有几种处理方法：

（1）定一个方向，通过人与人对比，提高期望与现实的区别。

（2）认识到现状不像感觉那样好，需要改变现状。

（3）作为销售就要像黑暗中的灯塔，让他发现痛苦，并扩大痛苦。

6. 自满角色 OC

把姿态放低，以柔和方式沟通，先释放自满的情绪，有时要在更大的场合（行业会议，专题会议，权威媒介等）释放。

7. 其他人为因素

（1）谁有专业知识，决策层会向谁征求意见。

（2）哪些人为因素能变更决策流程，哪些因素有价格否定权。

（3）组织派系、政治斗争。

针对上述问题要采用分兵而治，安排不同销售人员及数量对应不同派系展开工作，共同制定策略，分头行动。

**（二）解除顾虑与抗拒点**

要求客户给予承诺，而客户不配合，不按你的节奏行事，或者不给你机会，这些现象称为顾虑。

采购影响者产生顾虑与抗拒点有各种现象，主要有以下几种：

（1）价格太高了，太贵了；

（2）本区域没有案例；

（3）不愿现在下决定，我还要考虑考虑，条件还不成熟；

（4）有不愉快的合作经历；

（5）对你、公司、产品（解决方案）不感兴趣，不需要；

（6）踢球，叫你去找找谁，公平公正公开；

（7）寄资料或者 E-mail；

（8）你不了解产品、不了解公司、不了解销售人员；

还有人将上述原因归纳为：不懂、不值、不信、不愿意。

对于不懂型采购影响者，其策略为：先判断对方是否为理想客户，再判断有没有遵照销售的程序或者流程来开展工作，是否找对人、找对时机、做对事。

对于不值型采购影响者，其策略为：是否是产品呈现价值力度不够，没有找到需求，或者说问题不够大，问题没有到要紧迫解决的程度，解决方案没有实现需求与产品的连接，契合度不高，没有唯一性。

对于不信型采购影响者，其策略为：按信任度模型来建立信任；逐渐建立信任、维护信任。

对于不愿意型采购影响者，其策略为：要进一步分析对方是否愿意与你合作，对方是否接受知识的转移，是否愿意学习，是否愿意提升自己，是否愿意改变现在的处境。若不愿意改变现在的处境，则可以考虑放弃了。

对于客户的抗拒和顾虑，特别是处理异议，其过程有五步：

（1）停顿；

（2）重复客户的异议；

（3）确认客户的异议；

（4）承认客户观点的有限合理性；

（5）处理异议，具体问题具体分析。

不同的项目，在不同的阶段、不同的人，抗拒点可能不同，存在的方式、表现的形式均可能不同，但一点是相同的，即所有这些因素构成你合作的障碍，销售人员应去扫清这些障碍。比如，客户迟迟不立项，则可以有以下几种方法：鼓励客户早日立项，早些脱离痛苦，早日获取利益；提供分析报告，包括现状、困难、问题、影响、后果；提供成功案例介绍与考察；协助客户立项，给予技术支持；等等。

存在的基本争端或者异议的具体原因大概有：担心失去权力、失去控制、轻松的时间变少、降低个人的效率、没能被看成解决问题的人、缺乏认同、丧失安全性，担心没有提升的机会，担心被看作是配角，担心丧失信用、丧失自由、丧失自尊，担心与家人相处的时间减少，等等。

客户存在顾忌，会没有耐心听你讲公司产品、解决方案，更不会认同你，信任建立不起来。

### （三）报价与谈判

价格谈判是一场博弈，是得到或失去利润最快的一种方式。在这种博弈当中销售往往处于弱势地位，之所以弱势，其实更多的来源于心态。其原因包括：害怕失去项目；在客户主场谈判；急于求成；对自己销售提成甚至职业前途的担忧；等等。

报价一般只发生在项目的开始阶段和结尾阶段，开始阶段建设方一般会要求你报价，便于与建设方的预算作比较。结尾阶段就涉及相关谈判策略，谈判的本质就是与对方"舍与得"的过程，探寻对方底线，妥协与交换，最终达成协议。

#### 1. 报价准备

先了解公司的报价体系。了解利润、收入、成本构成部分，了解实施周期、投入资源、响应速度、服务方式等。

做好交付物各种组合报价策略，"多算胜，不算不胜，而况于无算乎"。

了解建设方内部询价策略和合同审批链。了解内部价格谈判审批链中的角色、人员、沟通风格、对项目的态度、影响力、关注点。

搜集并了解建设方的预算、第三方报价。最好的报价方式是知道竞争对手的报价范围和客户的预算后再开始制定并调整自己的报价。

#### 2. 谈判策略

谈判是双方妥协、交换并达成一致的过程。谈判过程的第一步是了解对方的谈判立场，第二步是进行妥协、交换与让步。

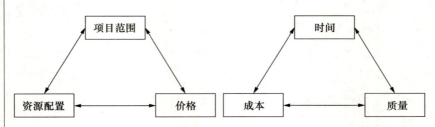

谈判内容通常包括：建设内容与范围、实施工期、付款方式、合同价格、权利与义务、违约责任等。

常见价格判断策略：

（1）利用"铁三角"原理，如图3-7所示，见左图（项目范围、资源配置、价格）和右图（时间、成本、质量），价格是随项目范围、资源配置来制约的，成本是随时间、质量来制约的。

图3-7　"铁三角"原理

例如：在假设有基准价格的情况下，客户要求你新增服务或者功能，要求安排优秀的工程师，要求加班加点尽快交货，要求优惠的付款方式，则你可以要求提高价格；客户将你与同行不同厂商的产品相比时，若你的质量好、有品牌，售后服务好，则你可以要求提高价格。相反，客户要求降低价格，则你可以缩小建设内容，安排一般工程师去实施完成，但不建议偷工减料。

（2）保持弹性，不卑不亢，可进可退。任何的报价都要预先留好涨价或者降价的借口，以便为下一步的谈判或者知道对手报价后的策略调整做好准备，若报高了将以什么借口来调整，若报低了则以什么借口来调整。前进将采取什么策略，退出将采取什么策略。先报价格范围，后面再来谈判，报价是一分分谈出来的，你突然大幅度降价，想体现自己的爽快，建设方会怀疑自己买贵了，心里不踏实，会有反悔的风险。

（3）要了解对方需求与关注点。看对方的关注点在哪里，个人赢是什么，要调研清楚，再结合报价体现出来，然后谈判最终确认。动之以情，晓之以理，诱之以利。

（4）价格始终不是重点，要看解决的困难有多大！降价有人高兴，有人不高兴。对方若觉得你的报价高了，则需说明报价构成、与竞争对手独特的差异性优势、说明能够解决问题。另外，谈判过程中降价不一定是最好的策略，其原因：第一，该降多少？你是否知道，或者降多少才会成交。第二，降价后客户是否会马上拍板。第三，客户的需求规格是否还会改变；最近一次是否确定，你的后续成本是否承担得了。

（5）另外，还有些策略。如价格谈判对手不要随便换，不见兔子不撒鹰；借用资源，借力打力，你搞不定，停在那，让公司的同级别的人与对方同级别的人来谈，与客户的中层结盟，发现机会，设计策略，高层互动；利用关系，发挥影响力，自己不直接去找对方而是找熟人来谈，讲话讲得他难过，让对方产生内疚；扩大痛苦；增加附加值；等等。

**（四）成交**

1. 招投标

招投标是招标、投标的简称，主要包括建设方拟定招标书、挂网，供应商投标并进行响应的过程。

战胜竞争对手策略通常有：

（1）投标供应商入围标准、保证金。

（2）相关资质证明文件。

（3）信誉证明、行贿犯罪档案查询。

（4）原厂授权函。

（5）商务资质。

（6）解决方案。

（7）价格。

2. 成交

成交是一种特殊的行动承诺，是一种水到渠成的结果。

要敢于向对方要承诺，若客户拒绝要求，则要求了解到客户拒绝的理由。

相关商务条款达成一致后，签订成交合同。

## 七、售后服务及回款

### （一）售后服务

产品和服务一般难以达到客户的期望值，尤其到货安装、系统培训、实施过程、项目管理中总会出现一个磨合期，由原来的以销售商务行为为主转变为以项目实施与管理为主，在该期间，销售员要积极协调沟通处理。

提供系统培训，负责在项目验收时将系统软件操作手册、验收报告等汇集成册交付使用单位。

确定系统软件验收合格后的免费维护期，免费维护期内软件系统出现故障，供应商提供免费现场维护服务。

免费维护期后的收费标准双方协商。

销售团队、实施团队要不断发现新需求，提供新的产品和服务，持续为客户创造新价值。

### （二）验收回款

验收回款，不仅是实施、销售团队的职责，还涉及客户、本公司财务、生产、服务等环节，必须齐心协力，改善每一个环节，才能确保账款的收回。

项目回款也称收款，就是将项目进度与当初签订的合同条件上的收款条件比较，要求收第几笔款；若不能满足付款条件，看能不能按实施进度支付进度款。

收款时机，一般要弄清以下因素：

（1）要收回款项，供应商要明确验收或者付款边界。特别是在信息化行业，需求长期存在，有人性化需求、政策化需求、流程业务逻辑需求，需要区分阶段性的条件、任务。

（2）对方付款审批手续什么时候能批下来。

（3）听取客户意见，若达到付款条件，应该做什么事情，达到什么程度才会付款，解决好客户的顾虑。

（4）是否达到合同要求。收款时机过早过晚均不合适，要注意达到效果。

（5）按确认后的条件，要求实施部门调配资源到位，进行实施，协助收款，上门催收、律师收款等。

## 第四节　销售复盘

### 一、从一个胜利走向另一个胜利

复盘是围棋术语，即对已经下过的棋进行总结，分析棋招的对错得失，研讨更好的招式，以促进棋艺的提高。复盘是自我学习的一种方法，可分为四个步骤：第一，目标结果，回顾出发前的目标，通过对照实际达成的效果确定差异。第二，情景再现，回顾一步步走到现在的过程，可将过程按阶段细分，加深对过程的理解。第三，得失分析，分析每个得失，找出过程中应该吸取的教训和收获的经验。第四，总结规律。

销售走到后期，回顾销售经历和场景，回溯与分析该项目赢在哪里，输在哪里。总结经验教训，扬长避短。对于一个未达成合作的项目，具体因素很多，可通过鱼骨图来分析，见图3-8。

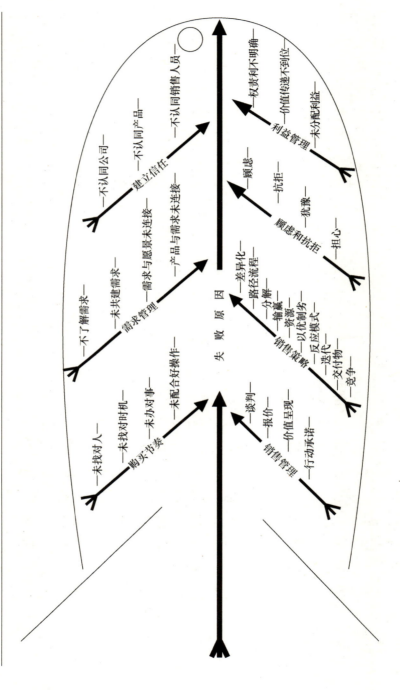

图 3 - 8　鱼骨图

（1）未能建立信任关系。客户对销售人员、公司、公司产品或者服务不了解，没有认同，或者信任度未达到信任度连续体所要求的深度。

不认同产品。如潜在客户习惯使用正在使用的产品，没有感受新产品比现有产品有优势，不清楚新产品功能和价值。

不认同销售人员。基于经验、成见、感情、价值观等原因，讨厌当前销售人员。

不认同公司。认为公司知名度不高，合作不放心。

（2）利益管理不到位。利益分配与客户未达成一致。忽视对方利益，特别是个人利益，价值传递不到位，未明确双方的权、责、利，致使客户在合作上未尽全力和全责。例如：

当初，某公司介入较早，方案均是他们出的，但利益未绑在一起，在外兜圈子，满足不了对方利益，建设方可能随时找其他供应商。

（3）未做好需求管理与发掘。不了解需求，未界定好顾客的真正需求，没有做到产品与需求的连接。

（4）未踏准客户购买节奏。未找对人、未做对事、未找到时机、未提供给客户有价值的解决方案。

（5）未消除客户的顾虑。未扫清障碍，不能消除客户的顾虑，客户犹豫、担心，不能达成合作。

（6）未运用好销售策略。比如差异化策略、输赢策略、流程路径策略、分解策略、资源策略、竞争策略，未抓住几大主线（进程迭代线、交付分解线、资源成本线、评估确认线）中的反应模式、结果与赢、角色管理，等等。

（7）销售管理不到位，流程与细节未处理好。细节决定成败，若处理好相关销售细节，成交只是时间问题。重点抓好理想客户，做好客户拜访，取得行动承诺。

线索管理、商机经营、漏斗管理与推进、需求调研、方案评估与比较、价值呈现与重构、谈判与成交、售后服务等销售管理的不到位，过程与结果脱节，未能抓住重点和风险管控。

上述因素是未达成合作的主要原因。至于其他因素，如价格一般不是主要考虑内容。

在销售过程中，还经常遇到销售进程不能推动，其原因主要有：

（1）没有紧迫性的问题需要解决，或者问题不够大。没有找到客户的需求；客户需求与产品或服务之间没有明显契合，未建立起连接。

（2）没有足够的预算，项目未被批准。不能申请到预算，不能解决项目建设所需要的资金，没有办法申请项目建设款项，项目只能搁置。

（3）没有有权力的人推动，项目进程走走停停，最后不了了之。

（4）没有满足客户需求和个人利益。

第一，没有了解客户需求和利益；第二，没有满足并兑现客户需求和个人利益。销售中真正的高手是能将组织利益和个人利益连接起来。

总结经验教训，时刻怀着一颗敬畏心，警醒省察自己，排除失败因素，不断提高自己。一个成功的销售员能拿回订单和提成是必须的，但不是一切，还需要有令人满意的客户群、长期的合作关系、多次业务往来、良好的口碑作为支撑。

## 二、销售在于驾驭

客户针对项目的采购活动往往随着项目进度逐渐展开，销售介入往往在项目立项阶段或设计阶段就开始了。项目型采购资金投入巨大，时间紧迫，采购任务繁重，专业性强，所以，大多数项目的采购流程和决策者关系异常复杂。

针对挑战，销售人员需要不断提高自己的影响力。影响力可以归结为 6 种，分别是：互惠原理、承诺与一致原理、社会认同原理、喜好原理、权威原理、短缺原理。销售人员对客户的影响包括：证明力、权威力、强迫力、奖惩力。

销售员是顾问角色，以专家姿态、以顾客的立场去研究他的心理状态，然后一步一步引导到决定阶段。

总之，销售人员驾驭能力层次越高，对客户、对企业来说其价值就越大，对客户、对市场的掌控能力越强。销售没有第二名，没有第二次机会，要求一战而定，一发而中，因此企业要想加强对市场的控制力，就要不断提升销售人员的层次，提高销售认识，了解客户购买逻辑，掌握必要技能，使用合理性的方法，把握好细节，赢得客户的尊重。

针对挑战，提高销售人员驾驭能力，可通过敏捷模型来指导，根据正常的模型与实际模型之间的偏离、差距、销售人员运用相关原理、工具、指标去修正、补救、缩小，回归正常，顺利落地。

### 三、放弃也是一种策略

"新销售喜欢坚持，老销售喜欢放弃"。对于老销售，遇到预约几次对方没有反应，打电话几次对方都不接，就会知难而退，就会把当前资源投放到其他项目，而对于新销售，会考虑直奔现场堵门，缠住对方。

与客户达成合作，其实已经经历一个排除过程，这个过程判断如下：

（1）该项目有无继续坚持的意义，公司的产品、解决方案、服务是否与对方需求适应，是否有独一无二的价值。

（2）该项目有无多次迭代的时间与空间，该商机是否能赢，是否有翻盘的机会。

（3）到目前为止，该项目是否值得做，成本、利润是多少，从事该项目是否需要公司授权与同意。

（4）有无拿下该项目的策略，时间是否够，资金上是否支持。

（5）是否与对方有信任关系，当前的信任度是否足够拿下该项目，客户是否认同公司、产品、本人。

（6）是否完全了解顾客的真正需求。

（7）对方是否愿意配合。

（8）利益及利益分配是否达成一致。

（9）客户顾虑能否解除，解决后对方是否愿意与我合作。

针对上述分析，若答案是否定的，则走为上计。哪怕是前期有资源投入，也要断臂止损，在所不惜。

# 第四章　重新认识销售

## 一、销售是谁

在新技术、新经济不断涌现的形势下，市场经济环境将会加速向互联网化、移动化、智能化、智慧化方向演进，以信息经济、人工智能、网络社会、数字生活为主要特征的高度信息化社会将引领我们迈入转型发展的新时代。

在刚刚结束的第三届互联网大会上，大家谈得最多的就是：创新、治理、安全、人工智能、云计算、大数据。相关观点如"结束移动互联网时代、开启人工智能时代"、"补贴与免费模式不再放之四海而皆准"、"用户广度向深度转变的'互联网＋'时代"。中国互联网伴随着网民数量激增，度过了20余年极速发展期，如今已走到人口红利加速消失的拐点。当行业进入门槛显著提升，"跑马圈地"不再可行，行业蓝海以秒计算转向红海，中国互联网的下半场注定是一场拼品质、拼服务的持久战，更是互联网和实体产业深度融合的实干家们的美好年代，同时也给销售从业人员提出了新的要求和挑战，面对复杂的销售环境，要求销售人员提供更贴心、更主动的服务，要求在增长收入和降低成本的同时，提高客户满意度、提供差异性服务。具体表现在两个方面：一是营销知识库的掌握与更新，二是业务流程的重构与革新。

1. 营销知识库的掌握与更新

互联网形态的新变化将更加深刻地改变人类的生活方式、生产方式和商业模式。对于销售人员可选择的营销工具越来越丰富，获取信息的成本将会大幅降低，分析判断数据将会越来越精准，但是，市场竞争的强度将会越来越激烈，因为信息是客观的、共享的，你有他也有，另外，销售人员要运用好这些知识工具的要求也越来越高，环境的差异性、跃进性、颠覆性及发展要求导致销售的风险性和不可控性。新形势下，要求销售人员要有全局视野，快速构建数字化营销、场景设计、移动销售，做好多渠道的数字化客户服务，利用好新媒体营销、社交和协同办公平台，以共享的理念去推动各项流程与事务，帮助客户快速实现卓越的客户体验和效益提升（如图 4-1 所示），充分运用新的营销知识工具，能更自主地捕捉信息，更智慧地分析信息，更精准地进行判断，更主动地提供服务。

数字化营销是借助于互联网络、电脑通信技术和数字交互式媒体来实现营销目标的一种营销方式，将尽可能地利用先进的计算机网络技术，以最有效、最省钱的方式谋求新的市场的开拓和新的消费者的挖掘。数字营销是基于明确的数据库对象，通过数字化多媒体渠道，比如电话、短信、邮件、电子传真、网络平台等数字化媒体通道，实现营销精准化，营销效果可量化数据化的一种高层次营销活动。

新媒体营销是利用新媒体平台进行营销的模式，自 Web2.0 带来巨大革新以来，互联网已经进入新媒体传播 2.0 时代，其体验性（Experience）、沟通性（Communicate）、差异性（Variation）、创造性（Creativity）、关联性（Relation）发生巨大改变。新媒体营销的平台，主要包括但不限于门户、搜索引擎、微博、微信、SNS、博客、播客、BBS、RSS、WIKI、手机、移动设备、APP 等。

## 2. 业务流程的重构与革新

当前全国各级政府加快建设与普及网上政务服务，积极探索信息资源开放共享模式。电子商务也在向移动化、行业化、社交化发展，线上和线下充分融合。实体经济也在向智能制造转变，涌现出一批以工业互联网、物联网、创新网络为特征的智能工业……这些变化，对销售人员在选择价值、创造价值、传递价值、传播价值方面提出了新的要求。因为万物互联，销售跟踪把控环节将大大延长，将会跨越研发、生产、销售、服务的每一过程，远远超过了过去重点关注客户的采购过程。

销售相关对象也将发生根本性的变革，提供一种产品、服务、解决方案，将不只是产品、服务、解决方案本身，还包括延伸出来的连接，构成一套完整的生态价值链，实现产品、服务、解决方案的重构。比如你买一本书籍，不只是阅读，满足视觉效果，还提供配套的网络"微课"及附带悦耳的音乐，满足视听上的效果，甚至还能提供全生命周期的服务管理，主动向你提供培训、辅导分析直到目标达成，实现书籍、人、业务的连接。

销售决策路径与角色也将变得更长、更复杂。因为供应商与客户建立起一种生态的连接，所以供应商与客户在产品或服务的全生命周期里连接在一起，与客户整个生产经营活动绑定在一起，供应商将向服务者角色转变。传统销售成交模式一般采用线下模式，现在有线下与线上多种方式，另外跨界金融也提供了更多的便利，也可以根据自身差异性服务，结合自身优势、交易类型重新定义与划分选取何种模式。

角色重新定义与划分。根据"发起——响应"模式重新定义角色，如现在医药行业贯彻的"二票制"政策，就是典型的例子，减少了中间环节，重新定义用户、客户角色。

成交模式重新定义。特别是大数据、人工智能的应用，曾经扫街拜访客户的方式，通过业务数据积累、深度计算，可以实现供应商、用户、客户的匹配概率，节省了投入在问题确认、需求搜集、评估比较、购买决策方面的资源、时间与成本。

大数据、云计算、互联网技术和应用为精准营销提供了多种解决方案，新技术的运用将会加速各个行业向经济社会各领域快速延伸。那么，由于销售环境的形成，作为销售人员在销售流程的推进中，更应该掌控流程的节奏、风险与安全，充分运用好进程迭代线、交付分解线、资源成本线、评估确认线中的相关策略和原理，更新我们的销售策略与思考模式，部署好发掘需求、评估比较、价值呈现、谈判成交中的各个阶段，提高效率，快速迭代，永续推进。具体内容已在第二章、第三章详细讲解，不再赘述。

再让我们来回顾下传统销售人员曾经的状态，整个过程是线性单一的，如表4-1所示。销售人员围绕销售目标，按以下步骤来开展工作：

表4-1 传统销售人员销售步骤

| 销售人员 | 客户 |
|---|---|
| （1）找到客户 | （1）让客户买东西 |
| （2）成交 | （2）让客户现在就买东西 |
| | （3）让客户现在就在我这里买东西 |
| （3）客户维护 | （4）让客户总是在我这里买东西 |

最终达到：第一，卖出去，第二，卖个好价钱，第三，还来买。至于其他的，如让客户花多少钱买我的东西、通过什么方式买我的东西、如何屏蔽竞争对手让客户现在就在我这里买东西、如何花最少的资源在最短的时间内让客户现在就在我这里买东西、如何进行市场推广吸引客户在我这里买东西，这些就涉及销售技巧、销售策略。

214

对于从事销售工作的人员，特别是初级入门人员，还有销售业绩遇到瓶颈的人员，最根本的途径还是在于不断地提升自己，做好产品和服务，特别是在新形势下，更应丰富自己的专业知识和内涵。

一名优秀的销售人员要充分了解客户。大项目的周期往往比较长，持续个一年半载是常事，这时需要对销售过程有一个全程和有效地控制。

丰富的业务知识、产品知识也是建立与客户信任的最快途径。销售人员，应力求使自己成为专业人士。

评价一名销售人员的素质，主要评价其所拥有或者可以调配的对象，包括能力、资源和双赢意识等方面。

**二、销售本质**

销售是了解客户需求并实现价值互换或者传递的过程，也称销售的本质。

销售是为客户创造价值，所有的销售工作是围绕为客户创造价值展开的，在采购、使用、分配、消费各环节中创造价值。销售不仅要考虑为客户创造价值，也要积极为中间商创造价值。

销售的本质是创造客户价值或者传递价值，创造价值需要建立在信任的基础上，通过正确提问和倾听了解客户需求，提出有竞争性的解决方案。

创造价值相关概念包括选择价值、创造价值、传递价值、传播价值。

选择价值。评估每个细分市场并选定能够最有效进行服务的市场。

创造价值。产品、服务是营销的核心成果与载体，包括原材料的采购与供应，产品的设计、生产与开发、测试、包装、定价、销售等环节，形成产品、服务的功能特性、价值特性，满足某种需求与服务的特性，能解决客户的困难、问题，并为客户创造价值。

传递价值。通过开发、识别、招募、移植等方式与营销中间商结盟，整合资源，形成营销渠道，促使资源向最需要的地方流动，将价值传递给目标市场和最终用户。

传播价值。将产品、服务中蕴含的价值通过推销、促销等方式传递给目标市场。借助数字化营销，利用新媒体，协同办公平台、社交平台进行传播，采取受众群体可接受的媒介进行传播。

### 三、销售价值

销售中所说的价值包括两个部分：客户的单位所获得的价值与客户个人所获得的价值。

销售价值是指购买产品或者服务所能带来的长期利益。与之相关概念还有价格和代价。价格是购买产品或者服务需要投入的金钱，代价是未拥有该产品或者服务所要遭受的损失。

销售价值＝利益－成本，销售人员的一切行为由客户价值驱动展开，必须为客户创造价值。

为客户创造价值，销售人员需要具备以下条件：

（1）深刻理解客户业务。客户业务包括客户所在行业的知识，比如，客户是银行，要了解信贷、票据、融资业务。除此之外，还要了解银行员工如何使用你的产品。

（2）对客户商业本质的理解。商业本质是指客户怎么赚钱，客户的经营模式、战略、核心竞争力，这些问题和你的产品息息相关。

（3）价值呈现。通过价值呈现证明你能为客户提供价值，具备提供价值的能力，能为双赢做好准备。为了价值呈现，先得对价值进行分解。

（4）客户有让你提供价值的意愿，二者之间有共同点。对方愿意和你打交道，对方信任你，愿意和你合作，你提供的价值他有兴趣。

（5）要让客户知道你确实提供了价值。

让客户看到你带来的利益，解决了问题。

（6）尽量让评估确认线上各角色及人员认为你确实提供了价值。销售队伍可以用很多不同方法创造价值，而这些方法取决于客户的价值导向。成功关键在于明白哪种销售方法更适合客户，会创造更多的价值。在考虑销售队伍为客户创造价值的不同方法时，着眼点之一是仔细研究销售队伍能在采购过程中哪个阶段增加价值。

现今是价值分配，新的连接正在形成，每个人都是一个节点，进行价值传输，人们所处的地位和层级由其带来的价值决定。

### 四、行业成长规律

#### （一）行业生态链

了解所属行业特点，行业上游、下游供应商分布在哪些区域。

了解客户情况，客户业务情况，客户主要收入来源，主要支出用到哪里，客户的决策链、客户的决策人员，客户的采购流程、采购方式、回款方式，客户的应用价值。

了解客户的竞争对手，客户的主管部门。客户的供应商，同行有哪些供应商，竞争对手的长处。

#### （二）成长规律

销售人员成长过程中逐渐形成了专业特点，这是从事系统性销售工作的基础。销售系统成长过程划分为前后衔接的阶段，形成由销售流程、采购流程、知识工具库组成的空间结构。详见图4-1。

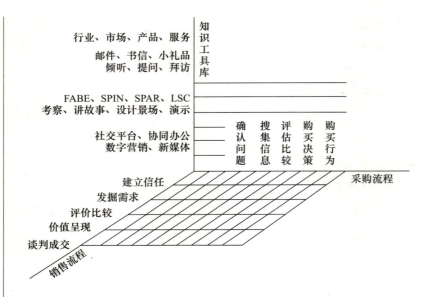

**图 4-1　销售系统**

销售流程是销售人员或组织通过一系列行为事件来影响客户采购决策的过程。全部过程可分为建立信任、发掘需求、评估比较、价值呈现、谈判成交。销售流程的每个环节、每个路径、每个节点、每个行为均是为了影响客户某个或某些角色的决策行为。

采购流程是客户采购所经历的决策程序和流程。客户购买活动一般可分为：确认问题、搜集信息、评估比较、购买决策、购买行为。

知识工具即专业科学知识。销售人员需要运用市场营销学、消费者行为学、社会心理学、公关学、经济管理学在内的专业知识。

了解业务知识、产品知识、市场知识的判断标准是：以不同区域市场、不同需求、不同客户、同一客户不同阶段、不同竞争对手列举出自己产品的差异和优势。

销售成长包括以下阶段：

（1）可重复阶段。经历成功后，了解客户采购流程、销售流程及要点。了解一般方法和策略，并能根据客户特点、项目复杂度选择不同的销售模式，创造双赢逐渐形成自己的销售风格。

（2）可预制阶段。在该阶段，可做到主动预估判断，能引导客户做好需求开发，设计解决方案，做好决策分析，创造较好的销售环境，能跟踪与控制重点项目。

（3）可管理阶段。能针对多项目做好管理，建立系统性的销售支撑系统、价值贡献系统，统一配置资源，制定全局的销售战略，创造较好的经济效益。

（4）优化阶段。销售策略管理，决策模式自我革新、自我完善与发展。


**五、规划职业生涯**

随着年龄的增长，销售人员开始规划自己的职业方向。主要包括以下几种：

**（一）管理**

由于销售工作主要对象是对人，是和人打交道，很容易转向管理岗位。

进入管理岗位后，角色及工作重点需要转变。重点放在设定目标、把控进度、紧抓考评、搞好规范，对于辖区内重复性、规律性的工作要形成规范，建立制度、流程、管理系统等。

**（二）创业**

销售人员创业有很大的优势，最大的优势是销售经验和资源优势。同时，销售人员积累了在整个产业链上下游的资源，经过资源调配，会创造出更大的商业价值。

创业后，其角色及工作重点需要转变。工作重点要放在搭建班子、制定战略、带领队伍方面。

## （三）顾问咨询

有经验的销售人员改做管理咨询和培训，许多管理咨询公司的咨询顾问、培训师都是从营销实践中转行过来的，有些是营销总监、大区经理等，进行销售培训、方案咨询等。

## （四）投资

投资也是销售人员职业生涯的一个发展方向。在投资方面，挣不到钱的事不能做，能挣到钱但没钱投资的事不能做，能挣到钱也有钱投资但找不到合适的人的事也不能做。

## （五）销售

通过经验积累，不断提升和改进工作方法，从非专业化的销售人员变成专业销售人员，方法上能站在战略层面全盘布局，从战略高度出发，统一调配资源，发挥战略顾问作用。

具体又有如下方向：

纵向流动。从一线销售人员做起，积累一定经验后，发展为区域经理或者到上一级或公司总部做销售部门工作，或者可以带领更大的销售团队管理大区市场。

横向发展。优秀的销售人员流动性很大，可以"换公司不换行，换岗要调薪"。

销售人员是勇敢、博爱的群体，大多数人都勇敢地踏上这条路且一路前行，由此翻开人生崭新的一页。